I.

I. Verhalten des Moderators

II. A. Visualisierung

II. B. Frage- und Antworttechniken

II. C. Situationsbezogener Einsatz
von ModerationsMethoden

II. D. Abendgestaltung

II. E. Moderationsumgebung

III. Anwendungsfelder

IV. Literaturhinweise für Moderatoren

V. Formblätter:
Materialcheckliste / Ablaufpläne

I. Verhalten des Moderators

A. Allgemeines
B. "Regeln"

1. Fragen statt sagen
2. Es ist alles eine Frage der Haltung
3. Nicht gegen die Gruppe ankämpfen
4. Störungen haben Vorrang
5. Unterscheide: Wahrnehmen, vermuten, bewerten
6. Ich statt man
7. Nonverbale Signale beachten
8. Nicht bewerten und beurteilen
9. Sich nicht rechtfertigen
10. Nicht über die Methode diskutieren
11. Zu zweit moderieren
12. Je nachdem

Anhang: Wer ist als Moderator besonders geeignet?

I. Verhalten des Moderators
A. Allgemeines

Die folgenden Regeln sind aus jahrelangem Experimentieren und Lernen entstanden. Sie sind kein Ersatz für eigene Übung, sondern ein Anhaltspunkt, um das eigene Verhalten daraufhin zu überprüfen. Die Kurzformulierung der Regel kann man auch als Schlüsselwort benutzen, um sich in kritischen Situationen daran zu erinnern.

"Moderieren" nennen wir alle Bemühungen zweier Menschen, den Meinungs- und Willensbildungsprozeß einer Gruppe zu ermöglichen und zu erleichtern, ohne inhaltlich einzugreifen und zu steuern. Moderatoren sind methodische Helfer, die ihre eigenen Meinungen, Ziele und Wertungen zurückstellen können. Das Verhalten, das dieser Aufgabe entspricht, können wir mit folgenden Regeln beschreiben.

B. „Regeln"
1. Fragen statt sagen

Fragen ist das Werkzeug, mit dem wir Kommunikation in Gang setzen. Die Menschen bringen alles mit, was sie brauchen. Ihr Wissen, ihren Willen, ihre Phantasie, ihre Fähigkeit, das was ihnen fehlt, zu suchen und zu lernen.

Die Aufgabe des Helfers ist es, den Austauschprozeß zu organisieren, die Türen zu öffnen, die Blockaden wegzuräumen. Die Aufgabe ist, Bedürfnisse, Ziele und Meinungen sichtbar und besprechbar zu machen. Unterschiede und Gemeinsamkeiten müssen bewußt gemacht werden, um das Feld der Lösungen abzustecken. Vertrauen muß geweckt werden, um gemeinsames Handeln zu ermöglichen oder um sichtbar zu machen, wo die Grenzen gemeinsamer Verantwortung liegen.

Bestimmte Fragetypen sind geeignet, dieses Ziel zu erreichen, andere ungeeignet:

● Wenn ich frage, will ich etwas wissen, was ich noch nicht weiß:
   keine Lehrerfragen,
   keine Fangfragen,
   keine Suggestivfragen.

● Wenn ich frage, bin ich neugierig, will ich neugierig machen auf die Antwort:
   keine banalen, langweiligen Fragen,
   keine Wissensfragen,
   keine peinlichen Fragen.

● Wenn ich frage, will ich die Ohren öffnen, die Aufmerksamkeit wecken:
   keine Killerfragen,
   keine Rechtfertigungsfragen.

● Wenn ich frage, interessieren mich die vielen, individuell unterschiedlichen Meinungen:
   keine Ja-Nein-Fragen,
   keine theoretischen Fragen.

● Wenn ich frage, will ich Vertrauen wecken, füreinander anwärmen, Mauern abbauen:
   keine "Wer-ist-schuld-Fragen",
   keine abwertenden / beschönigenden Fragen (Wortwahl!).

● Wenn ich frage, wende ich mich an die Gruppe, will nicht einzelne beschämen, verletzen, ausschließen:
   keine Fragen, die zu Gesichtsverlust führen,
   keine Fragen, die einzelne hervorheben.

Die Kunst ist es, die richtige Frage im richtigen Augenblick zu stellen.

2. Es ist alles eine Frage der Haltung

Die Fragehaltung entspricht der Haltung des Moderators zu den Menschen. Deshalb ist es wichtig, mir bewußt zu machen, welches Menschenbild ich habe und wie ich die jeweilige Gruppe sehe. Denn genau das strahle ich auf die Gruppe aus, und sie wird es mir in Verhalten und Stimmung reflektieren. Auch wenn es weder mir noch der Gruppe zu Bewußtsein kommt, verrät mich alles: mein Blick, meine Bewegung, meine Ruhe und Hektik, mein Tonfall. Alles drückt meine Meinung und mein Gefühl für die Gruppe aus. Das heißt nicht, daß ich mich verstellen soll, sondern daß ich mir meiner Haltung bewußt bin und daß ich meinen Anteil am Problem, das ich mit der Gruppe habe, nicht den Teilnehmern in die Schuhe schiebe. Die eigene Haltung zu kennen heißt aber noch mehr: Es heißt, sich der eigenen Stärken und Schwächen bewußt sein. Wann ärgere ich mich, wann fühle ich mich angegriffen, was verletzt mich, wie lasse ich mich menschlich verwickeln - zum Beispiel durch Macht, Ehrgeiz, Eitelkeit oder Sympathie, Lob oder Zustimmung?

Das alles, was ich bin, wirkt ja auch auf die Teilnehmer. Das ist auch nichts Schlimmes. Ich muß nur wissen, was bei mir läuft, sonst baue ich mir selbst und der Gruppe böse Fallen auf.

Wenn ich zum Beispiel Angst habe, daß die Leute sich streiten, daß es laut wird, dann werde ich alles versuchen, um den Konflikt, durch den die Gruppe vielleicht hindurch muß, abzuwiegeln und im Keim zu ersticken. Dann bleiben die Leute zwar ruhig, aber es geht auch nichts weiter.

In so einem Fall muß ich erstens wissen, daß ich so reagiere, zweitens entweder die Angst überwinden oder mir einen Mitmoderator zu suchen, der davor keine Angst hat.

3. Nicht gegen die Gruppe ankämpfen

Alle Leute, die vorne stehen, neigen dazu, zu steuern. Die Position begünstigt die Annahme, man wisse, wo es langgeht.

Dem Moderator sollte bewußt sein, daß er zwar das Steuerrad bedient und weiß, wie die Maschine funktioniert, aber daß die Gruppe den Kurs angibt. Um ein guter methodischer Helfer zu sein, muß er sich inhaltlich heraushalten. Und das erfordert Übung und Selbstdisziplin.

Es entspricht ganz und gar nicht unserem normalen Verhalten, wenn wir meinen, wir hätten recht oder wüßten es besser, dies nicht irgendwie - verbal oder nonverbal - kundzutun. Das heißt aber, daß ich beim Moderieren eine ganze Reihe von Ich-Behauptungsmaßnahmen, die im Alltagsleben sehr nützlich sind, loslassen muß:

- loslassen, daß ich es bin, der die Gruppe irgendwohin haben will - und Vertrauen haben in das Wissen, die Fähigkeiten und den Willen der Teilnehmer;

- meinen eigenen Ehrgeiz loslassen, den Leistungsdruck, daß doch etwas herauskommen muß, loslassen und schauen, was bei der Gruppe da ist und gefördert werden kann;

- meine eigene Meinung zum Thema, mein Engagement an einer Zielrichtung loslassen und jede Meinung, so wie sie ist, annehmen und gelten lassen.

Nur unter diesen Bedingungen ist die Methode kein Trick (Manipulation), sondern "Hebammenkunst".

4. Störungen haben Vorrang

Jede körperliche Störung (Hunger, Durst, Kälte, Schmerz etc.) und jede psychische Störung (Angst, Ärger, Traurigkeit) ist eine Lern- und Kommunikationsbarriere. Nicht bearbeitete Störungen verhindern oder verfälschen die Problemlösungen - beim einzelnen wie bei der Gruppe. Je stärker ich die Störung zu unterdrücken versuche, desto mehr wird sie indirekt dominieren: Es werden reihenweise Nebenkriegsschauplätze eröffnet, Widerstände aufgebaut, Rechtfertigungen gesucht, Scheingefechte ausgekämpft.

Das Problem kann nicht gelöst werden, weil die Störung unbewußt das Suchmuster beherrscht. Wenn ich dagegen die Störung direkt angehe - auch wenn sie scheinbar nicht zum Thema gehört - wird nachher die Bearbeitung des Problems, des Themas umso leichter und schneller erfolgen. Oft reicht sogar ein Bewußtmachen, Ansprechen des Unbehagens, der Störung, um die Konzentration wieder herzustellen.

Wie erkenne ich Störungen?

Unbehagen liegt sozusagen in der Luft. Störungen teilen sich atmosphärisch meinem Gefühl mit. Unterstützt durch sensible Wahrnehmung von Ausdruck und Verhalten der Teilnehmer, von verbalen und nonverbalen Signalen, kann ich Störung schon im Entstehen empfinden.

Wie gehe ich auf Störungen ein?

Mit einem Blitzlicht, einer Ein-Punkt-Frage kann ich Unbehagen sichtbar machen. Was dadurch nicht erledigt ist, muß weiter bearbeitet werden.

Nach Ruth Cohn, s.S. 263ff

5. Unterscheide: Wahrnehmen, vermuten, bewerten

Die meisten Mißverständnisse zwischen Menschen entstehen dadurch, daß wir unsere Vermutungen über die Wirklichkeit nicht von der Wahrnehmung unterscheiden und dann die Vermutung auch sehr schnell in eine Bewertung ummünzen. Solange der Moderator diese drei Ebenen nicht zu trennen vermag, wird es Mißverständnisse zwischen ihm und der Gruppe geben, weil er seine Projektionen nicht erkennen kann.

Beispiel:

Ich nehme wahr: Die Teilnehmer sitzen stumm und mit verschränkten Armen, einige schauen zum Fenster hinaus ...

Ich vermute: Sie langweilen sich.

Ich bewerte: Ich bin ärgerlich (ich rede doch nicht langweilig!) und bewerte das als (beleidigendes) Desinteresse an meinen interessanten Ausführungen!

Habe ich nicht gelernt, zu unterscheiden, werde ich meine Vermutung als Ist-Aussage formulieren. "Sie langweilen sich, also ..." und die Gruppe hat nur die Wahl, mich auszulachen oder nun ihrerseits gekränkt zu sein. Auf jeden Fall muß sie aber gegen mich ankämpfen. Und so fort geht das Spiel.

Habe ich gelernt zu unterscheiden, dann mache ich für mich selbst erst einmal drei Vermutungen zu der einen Wahrnehmung.

Also:

Vermutung:
1. Sie langweilen sich,
2. sie sind müde,
3. sie sind bedrückt.

Bewertung:
1. Wir sind nicht beim richtigen Thema.
2. eine Pause ist fällig,
3. ein Konflikt liegt in der Luft.

Dann kleide ich meine Vermutung in eine Frage oder äußere sie als meine subjektive Interpretation und lasse damit den Teilnehmern Raum, um ihre eigene Antwort, Vermutung, Gefühl zu äußeren. Ich gebe den Menschen die Chance, sich den Schuh anzuziehen oder nicht.

Es ist eine gute Übung, zu jeder Wahrnehmung drei Vermutungen zu finden und sich damit über die Natur der eigenen Vermutungen klarer zu werden.

Meistens entstehen Vermutungen, egal, ob sie zutreffen oder nicht, aus früheren Geschichten, die nichts mit dem "Hier und Jetzt" zu tun haben. Je klarer ich mir über die Geschichten bin, in die ich mich immer wieder verwickle, desto klarer kann ich davon das "Hier und Jetzt" unterscheiden und dann auch entscheiden, was wichtig ist und was nicht hierher gehört.

6. Ich statt man

Probieren Sie einfach aus, wie es ist, wenn Sie alle Sätze, in denen Sie normalerweise "man" verwenden, mit "Ich" formulieren - und Sie werden die Nützlichkeit dieser Regel sofort erkennen. Wenn sich alle "man soll", "man muß", "man tut (nicht)" in "Ich soll", "Ich muß" "Ich tue (nicht)" verwandeln, dann wird klar, daß meine Beschreibung der Wirklichkeit erstmal "meine" ist, und die Gültigkeit für irgendwen anderen dessen eigenes Problem ist.

Diese Regel ist ein Hilfsmittel, mehr Verantwortung zu übernehmen, mein Gefühl bei mir zu lassen und es nicht jemand anderem in die Schuhe zu schieben. Diese Haltung ist nützlich für jeden Menschen, notwendig aber für den Moderator, der sich, um moderieren zu können, von den Verwicklungen der Ansprüche, Gefühle, Spiele, die sich in einer Gruppe von Menschen ergeben, möglichst frei halten sollte.

Der Moderator ist in einer Gruppe das beliebteste Objekt für die Projektionen der Teilnehmer (z.B. "Er muß führen", "Er muß den Überblick haben", "Er muß Disziplin halten", "Er muß die richtige Partei ergreifen", "Er muß durchgreifen", "Er muß wissen, was rauskommt", "Er darf nicht manipulieren", etc.).

Wenn er ahnungslos gegenüber diesen Fallstricken darauf einsteigt, ist er geliefert. Deshalb ist es für ihn notwendig zu wissen, was er selber muß und will und wofür er die Verantwortung übernimmt. Dazu ist diese Regel ein nützliches Hilfsmittel.

Nach Ruth Cohn, s.S. 263ff

7. Nonverbale Signale beachten

Wir nehmen ständig eine Menge von "Informationen" auf, die nicht über den Kanal Mund-Ohr gehen. Im Gegensatz zur sprachlichen Information ist diese nicht verfälscht, also sehr verläßlich - wenn ich sie verstehen kann. Die Körpersprache, also Mimik, Gestik, Haltung und Bewegung des gesamten Körpers vermitteln Botschaften, die manchmal den verbal ausgesandten widersprechen können.

Ob jemand sich am Kopf kratzt, die Stirn runzelt, die Augen niederschlägt, mit dem Finger in der Luft herumsticht, um Teilnehmer aufzuspießen - das ist eigentlich alles recht unmittelbar verständlich, wenn wir beginnen, darauf zu achten.

Auch die Ausstrahlung, die Atmosphäre, die einen Menschen umgibt, können wir wahrnehmen, und sie sagt viel darüber aus, was mit diesem Menschen los ist.

Mit diesen Signalen arbeiten zu können, ist eine Frage des Schwerpunkts der Konzentration. Normalerweise sind wir auf die verbale Aussage konzentriert, und alle anderen Botschaften wirken unterschwellig, ohne daß sie uns bewußt werden.

Es ist eine gute Übung, streckenweise die verbale Kommunikation - wie Hintergrundmusik - nur mitzuhören und die nonverbale Aussage in den Brennpunkt der eigenen Konzentration zu stellen.

Der Moderator hat aber nicht die Aufgabe, dem Teilnehmer die Verantwortung für sein Unbehagen abzunehmen, sondern die Aufgabe, ihm die Möglichkeit zu geben, seine Stimmung auszudrücken.

8. Nicht bewerten und beurteilen

Auch der Moderator ist ein Mensch mit Wertungen, Meinungen und Vorurteilen. Solange er jedoch moderiert, muß er seine persönlichen Bewertungen zurückstellen und jeden Menschen und jede Meinung gleich wichtig und neutral annehmen. Nur wenn er keine Meinung inhaltlich wertet, wird jeder Gruppenteilnehmer Vertrauen in seine Neutralität haben.

"Nicht bewerten und beurteilen" gilt nicht nur für die Meinungen, sondern auch für das Verhalten der Teilnehmer. Denn jedes Verhalten signalisiert eine für die Moderation wichtige Stellungnahme, ein Problem, ein Unbehagen etc. Diese Signale muß der Moderator so wie sie sind, annehmen und für die Moderation umsetzen, das heißt, er muß eine Störung bearbeiten, einen Konflikt sichtbar machen. Moralische Beschimpfungen und Apelle bringen nicht nur nichts, sie sind wie Scheuklappen, die den Moderator daran hindern, wichtige Botschaften aus der Gruppe zu verstehen - und dagegen wird sich die Gruppe mit Recht wehren. Das führt höchstens zu einem mehr oder weniger versteckten Kampf zwischen Gruppe und Moderator, aber nicht zur sinnvollen Steuerung der Diskussion.

9. Sich nicht rechtfertigen

Ein altes französisches Sprichwort sagt "qui s'excuse s'accuse" ("Wer sich entschuldigt, klagt sich an"). Das können wir übernehmen. Zumindest ist sich-rechtfertigen überflüssig und führt meistens zu einem unfruchtbaren Hin- und Herschieben von Vorwürfen. Wenn die Gruppe eine Situation provoziert, in der der Moderator sich oder die Methode rechtfertigen soll, sucht sie meistens einen Sündenbock für Schwierigkeiten, denen sie sich nicht stellen will. Geht der Moderator auf die Provokation ein und rechtfertigt sich, so ist er der Gruppe auf den Leim gegangen, denn jetzt beginnt ein Spiel, das nicht so leicht zu beenden ist. Es ist auf jeden Fall ein Sieger-Verlierer-Spiel, und der Ankläger will siegen. Beides, siegen oder verlieren, ist von Nachteil für die weitere Moderation, weil in beiden Fällen das Vertrauen geschädigt wird.

Besser ist es wiederrum, die Hintergründe für die Provokation zu erfragen, also die Störung zu bearbeiten und die abgeblockte Energie wieder für die Diskussion des Problems freizusetzen.

10. Nicht über die Methode diskutieren

Während der Moderation eines Problems über die Methode zu diskutieren, ist wie über Liebe zu reden statt zu lieben. Moderieren besteht in methodischen Aktionen und nicht im darüber Reden.

Geht der Moderator auf die Provokation aus der Gruppe ein, erstmal über die Methode zu reden, kann es lange dauern, bis er zum Moderieren kommt. Meist ist das Darüber-reden-wollen ein Nebenkriegsschauplatz. Es signalisiert "Wir wollen nicht an das Problem heran" - aus welchen Gründen auch immer. Dann ist es besser, nicht in die Falle zu tappen, sondern herauszuarbeiten, was der Problembearbeitung im Weg steht, aus welchen Gründen die Gruppe blockiert. Ist es nur der Versuch eines einzelnen, bringt oft eine Handlung, etwa das Austeilen von Karten und Filzstiften und eine Arbeitsanweisung eine Änderung, um über diese Klippe hinwegzukommen.

Selbstverständlich kann man in Pausen oder in einer extra dafür vorgegebenen Zeit über die Methode reden, weil es ja die Teilnehmer meist auch interessiert. Nur sollte der Moderator nicht darüber reden anstatt zu moderieren. Es ist ohnehin erst sinnvoll, mit Teilnehmern über die Moderations-Methode zu reden, wenn sie sie erlebt haben.

Eine ganz andere Situation ist natürlich gegeben, wenn der Moderator andere Moderatoren ausbildet: dann ist die Moderation Inhalt der Diskussion.

11. Zu zweit moderieren

Der wichtigste Unterschied zum Lehrer oder Diskussionsleiter ist der, daß "der Moderator" zwei Menschen sind.

"Der Moderator" steht der Teilnehmergruppe als Kleinstgruppe gegenüber und nicht als Einzelperson, auf die sich alle fixieren. Zwei Menschen bieten den Teilnehmern ein wesentlich breiteres Verhaltensspektrum zur Orientierung als einer. Wem der eine Moderator nicht sympathisch ist, dem liegt vielleicht der andere, so daß jeder einen Anknüpfungspunkt für sich finden kann.

Da Moderation sehr viel spontane Reaktion und Improvisation erfordert, sind sich die Moderatoren beim Erfinden gegenseitig Gesprächspartner. Sie unterstützen einander in schwierigen Situationen, einer kann den anderen ablösen, wenn er sich festgefahren hat, oder bei der Gruppe im Moment nicht ankommt.

Zu zweit sein ist aber auch aus technischen Gründen notwendig. Einer sollte immer Augenkontakt zur Gruppe halten, wenn der andere der Gruppe den Rücken zukehrt und an der Tafel schreibt. Viele parallele Tätigkeiten, etwa Punkte schneiden und verteilen, zählen, Arbeitsanweisungen geben, klumpen erfordern die Kooperation der Partner. Bei einem einzelnen würde die Technik zu schwerfällig werden, so daß die Gruppe eher ungeduldig reagiert. "Vier Augen sehen mehr als zwei" - auch bei der Beobachtung der Gruppe, dem Erfühlen von Stimmungen, dem Reagieren auf kleinste Signale müssen sich die Moderatoren mit ihrer Konzentration und Sensibilität ergänzen. Der Wechsel - visuell und erlebnismäßig - der beiden Moderatoren wirkt auf die Gruppe ebenfalls belebend und anregend. (Immer nur ein Gesicht, eine Stimme ermüdet.)

12. Je nachdem

Diese letzte und zugleich oberste Regel des Moderierens besagt, daß ich die elf vorhergehenden wieder "vergessen" muß, weil sie mir Selbstverständnis geworden sind - und dann der Situation entsprechend handeln muß.

Mit einer Analogie: Wenn ich tiefschneewedeln kann oder ein guter Pianist bin, muß ich die Regeln des Skifahrens oder des Klavierspiels auch wieder "vergessen", um mich voll dem Genuß der Abfahrt oder der künstlerischen Interpretation eines Stückes zu widmen.

Wenn ich Regeln und Instrumentarium beherrsche, kann ich "je nachdem" der Situation entsprechend handeln. Ich muß nicht an vorgegebenen Rezepten und Abläufen kleben, sondern kann mich von meiner Intuition leiten lassen. Das setzt viel Übung und Erfahrung voraus, deswegen ist "je nachdem" handeln zu können eine Kunst und nicht nur schematische Anwendung einer Technik.

"Je nachdem" heißt: Moderation gruppenspezifisch, flexibel und situativ einzusetzen. Mit einem Paradoxon gesagt: Es kann auch mal die beste Moderation sein, mit der Moderation aufzuhören.

Je nachdem!

Anhang: Wer ist als Moderator besonders geeignet?

Wir werden oft gefragt, ob sich bestimmte Menschen mehr zum Moderator eignen als andere, ob es so etwas wie moderatorisches Talent gäbe?

Unserer Erfahrung nach ist die wichtigste Voraussetzung, daß jemand moderieren will und davon überzeugt ist, daß Moderation brauchbar ist. Alles andere ist eine Sache der Übung und Erfahrung. Beim Moderieren lernen fällt dem einen schwerer, was dem anderen in den Schoß fällt. In der Anwendung bilden sich dann so etwas wie "Moderationhandschriften" heraus.

Jeder paßt sich die Moderation seinem Wesen und seinen Fähigkeiten an - und erst dann paßt ihm auch die Moderation. Es gibt soviele Moderationsstile wie es Moderatoren gibt. Und es gibt auch so etwas wie Wahlverwandtschaft zwischen Problem, Gruppe und Moderationsstil.

Diese Stile zu berücksichtigen, ist auch wichtig bei der Wahl des Kooperationspartners. Nicht alle Stile passen zusammen, aber manche ergänzen sich besonders gut.

I. Verhalten des Moderators

II. A. Visualisierung

II. B. Frage- und Antworttechniken

II. C. Situationsbezogener Einsatz
        von ModerationsMethoden

II. D. Abendgestaltung

II. E. Moderationsumgebung

III. Anwendungsfelder

IV. Literaturhinweise für Moderatoren

V. Formblätter:
    Materialcheckliste / Ablaufpläne

II. A. Visualisierung

1. Allgemeines
2. Grundbausteine für den
   Prozeß der Moderation

   a) Schrift
   b) Elemente der
      Visualisierung
   c) Anordnung der
      Elemente
   d) Optisch pointieren

II. ModerationsMethoden
A. Visualisierung
1. Allgemeines

Wir verfügen über fünf Sinne, wir verfügen also über fünf Wahrnehmungskanäle. Trotzdem nutzen wir für die meisten Kommunikationsprozesse nur einen Wahrnehmungskanal: das Ohr!

Die Konzentration und Aufmerksamkeit wird jedoch durch die optische Ansprache erheblich gesteigert. Darüberhinaus wird durch den Wahrnehmungskanal Auge die Merkfähigkeit gestärkt. Das gleichzeitig Gehörte und Gesehene bleibt besser im Gedächtnis haften.

Vorteile der Visualisierung für Gruppenarbeiten:

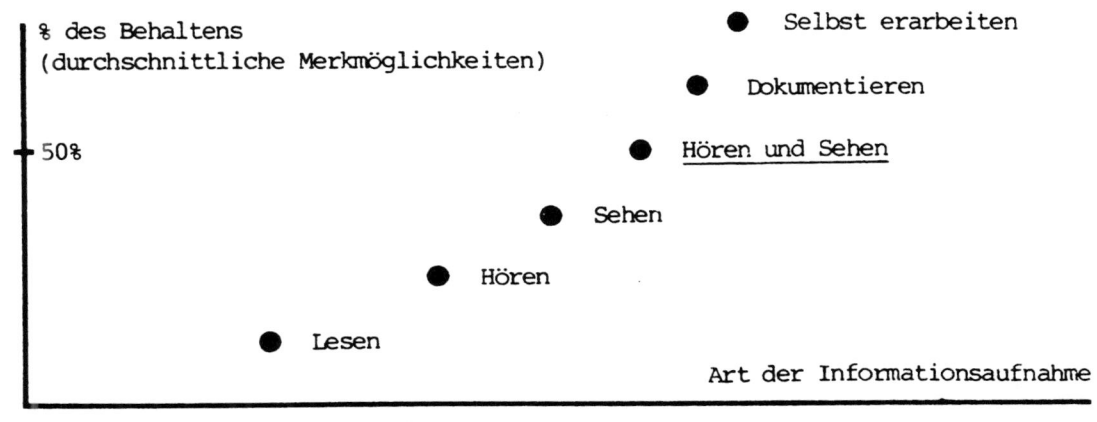

o Visualisierte Aussagen erleichtern eine gleiche Interpretation bei allen Teilnehmern und erhöhen die Chance, Probleme konkreter zu diskutieren und alle Teilnehmer auf einen gemeinsamen Punkt zu konzentrieren.

o Die Visualisierung zwingt den Darstellenden zu einer Selektion zwischen wesentlichen und unwesentlichen Informationen. Dadurch wird die

% des Behaltens
(durchschnittliche Merkmöglichkeiten)

- 50%

● Selbst erarbeiten
● Dokumentieren
● Hören und Sehen
● Sehen
● Hören
● Lesen

Art der Informationsaufnahme

Aufnahmekapazität der Teilnehmer nicht überfordert.

o Verbal schwierig zu erklärende Sachverhalte sind durch die Unterstützung der Visualisierung leichter zu vermitteln. Dadurch lassen sich Informationsgefälle einfacher ausgleichen.

o Visualisierungen ermöglichen es, Ergebnisse und Aussagen - für alle sichtbar - sofort darzustellen und festzuhalten, es entstehen so keine nachträglichen Schwierigkeiten bei Zusammenfassungen, Dokumentationen, Informationsweitergaben und Interpretationen.

2. Grundbausteine für den Prozeß der Moderation

Visualisierung für die Gruppenarbeit

Visualisierung für die Gruppenarbeit heißt, Plakate so vorzubereiten, daß die Gruppe damit arbeiten kann: Fragen, Raster, Listen und Scenarien visualisieren.

Im folgenden Teil finden Sie die Regeln, die für diese Visualisierung gelten, einzeln aufgeführt und erklärt. (Plakattypen, die ständig gebraucht werden, sind zusammenhängend mit den Antworttechniken dargestellt.)

Grundsätzlich gilt bei der Visualisierung für die Gruppenarbeit:

o daß Visualisierung die präzise Erklärung der Arbeitsanweisung ergänzt und nicht ersetzt;

o daß die Visualisierung hilfreich für die Gruppe sein soll, also klar und deutlich angeordnet und geschrieben;

o daß aus den Plakaten ausstrahlt, wie der Moderator die Menschen achtet und ihre Arbeit wichtig nimmt;

o daß, je besser die Visualisierung vorbereitet ist, desto flüssiger die Moderation läuft;

o daß auch Informationseingaben, die für die Gruppenarbeit wichtig sind, in gleicher Weise visualisiert werden müssen.

► Visualisierung ergänzt die Rede

Visualisierung soll die Aufmerksamkeit des Teilnehmers verstärkt auf den Punkt lenken, der in der Rede vorkommt. Es genügt deshalb, in Stichworten zu visualisieren.

a) Schrift

▶ Verwenden Sie
  zwei Schriftgrößen

o edding 800 für Überschriften, Betonungen, Linien, Zahlen und Pfeile (Schriftgröße 5 Zentimeter);

o edding 1 für Kartenbeschriftung und Texte auf dem Plakat (Schriftgröße 2,5 Zentimeter).

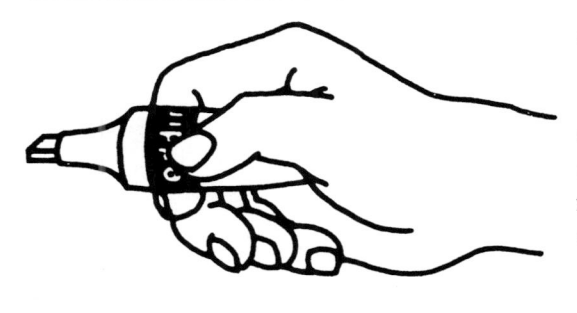

▶ Richtige Haltung
  des Filzstifts nützen

o edding 1 so in die Hand nehmen, daß die hohe Kante zum Daumen zeigt, dann mit voller Breitseite schreiben und nicht mehr drehen;

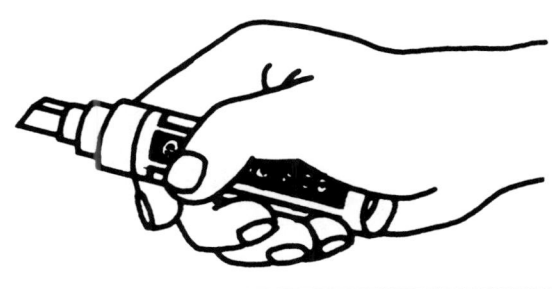

o edding 800 so in die Hand nehmen, daß die hohe Kante zum Papier zeigt, mit voller Kante (Giebelseite) schreiben und nicht mehr drehen.

▶ Groß- und Klein-
  buchstaben verwenden

o Das Auge kann sich schneller an der optischen Gliederung orientieren. Es entspricht der europäischen Schreib- und Lesegewohnheit.

▶ Druckschrift schreiben

o Druckschrift ist besser lesbar und verschleift nicht so. Sie ist auch hilfreich bei der Aufteilung von Schrift auf der Karte, dem Plakat.

▶ Kurze Ober- und
  Unterlängen

o Wirkt optisch blockartig und gibt ein klares Schriftbild, die Größe der Schrift bemißt sich nach der Mittelhöhe.

▶ Buchstaben eng an-
einander schreiben

o Das Auge erfaßt mehr auf einen Blick. Schmales Schreiben unterstützt die Blockwirkung der Schrift.

▶ Nicht optisch brüllen,
nicht optisch nuscheln

o Weder zu groß (nicht über 5 Zentimeter), noch zu klein (nicht unter 2,5 Zentimeter) schreiben, genau wie in der verbalen Rhetorik: weder zu laut noch zu leise. Die angegebene Schriftgröße bezieht sich auf eine maximale Entfernung von acht Metern zwischen Tafel und Teilnehmer, das heißt auf eine Gruppengröße von zirka 20 Teilnehmern.

b) Elemente der Visualisierung

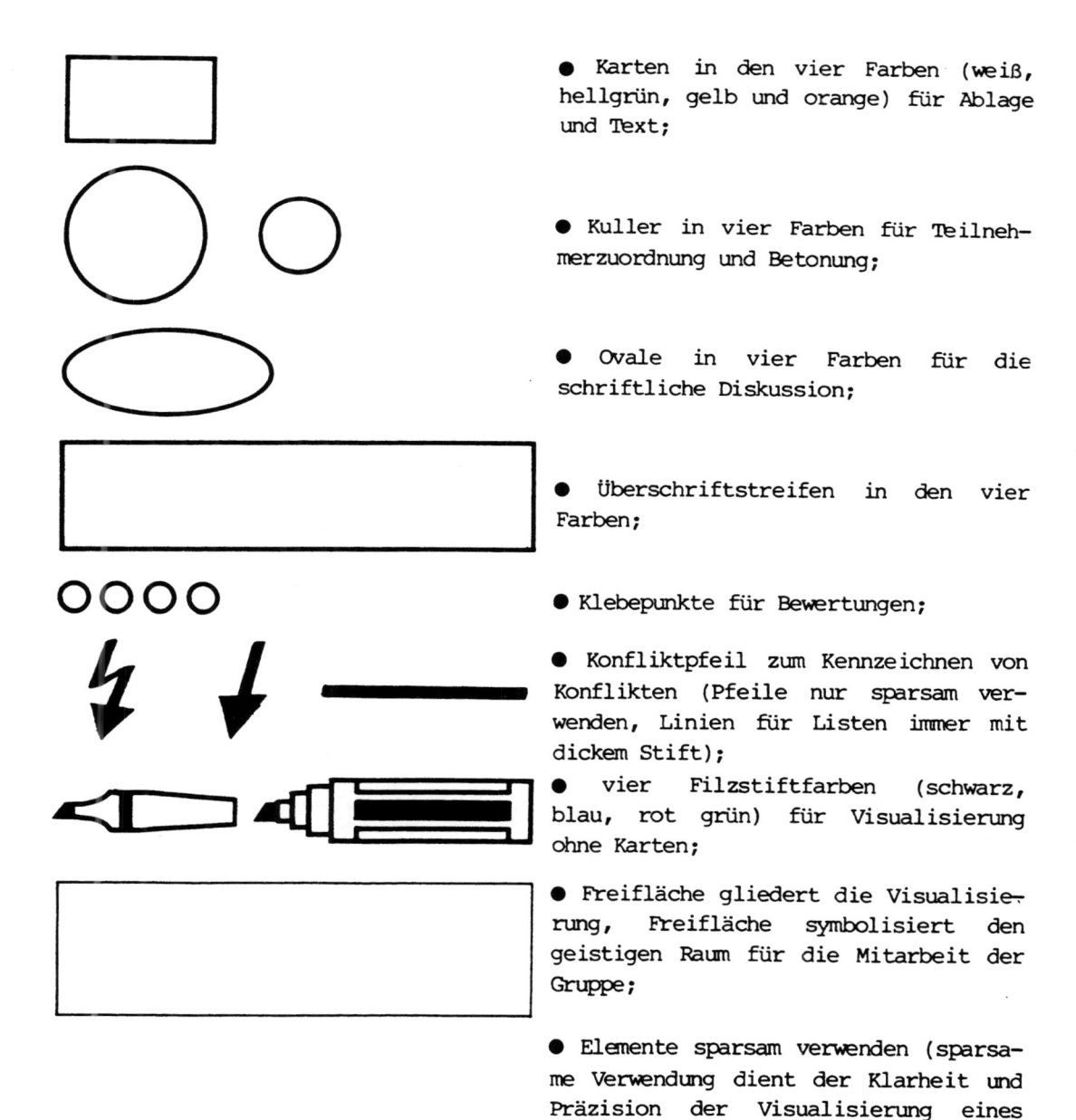

- Karten in den vier Farben (weiß, hellgrün, gelb und orange) für Ablage und Text;

- Kuller in vier Farben für Teilnehmerzuordnung und Betonung;

- Ovale in vier Farben für die schriftliche Diskussion;

- Überschriftstreifen in den vier Farben;

- Klebepunkte für Bewertungen;

- Konfliktpfeil zum Kennzeichnen von Konflikten (Pfeile nur sparsam verwenden, Linien für Listen immer mit dickem Stift);

- vier Filzstiftfarben (schwarz, blau, rot grün) für Visualisierung ohne Karten;

- Freifläche gliedert die Visualisierung, Freifläche symbolisiert den geistigen Raum für die Mitarbeit der Gruppe;

- Elemente sparsam verwenden (sparsame Verwendung dient der Klarheit und Präzision der Visualisierung eines Gedankens).

c) Anordnung der Elemente

▶ Lesegewohnheit beachten

o Wir orientieren uns selbstverständlich an der für unseren Kulturkreis gängigen Lesegewohnheit von links nach rechts, von oben nach unten. Entsprechend muß die Darstellung der Zusammenhänge diesem Rhythmus folgen, sowohl innerhalb eines Plakats als auch in der Plakatreihenfolge.

▶ Collagetechnik nutzen

o Die Zusammenstellung der Visualisierung aus Überschriftstreifen, Karten und Kullern ermöglicht ein Ausprobieren von verschiedenen Anordnungen ohne jeweils das ganze Plakat verändern zu müssen.

▶ Eine Frage, einen Sinnzusammenhang auf ein Plakat bringen

o Die Einheit des Gedankens ist sinnlich ausgedrückt in der Einheit des Plakats. Das ist hilfreich auch für nachträgliche Veränderung von Zusammenhängen zwischen einzelnen Plakaten.

▶ Blöcke bilden

o Schriftblöcke sind vom Auge besser erfaßbar und besser zuordenbar. Überschriften (Fragen) werden immer als Block in die linke obere Ecke gesetzt.

▶ Linien auf Listen immer in kartenbreitem Abstand voneinander ziehen (zirka 18 Zentimeter)

o Erstens orientiert sich das Auge an dem Raster der Karte. Zweitens ist es praktisch, um Karten direkt in die Liste zu hängen.

▶ Wirkung des Plakats testen

o Erst wenn ich mein vorbereitetes Plakat aus Beschauerdistanz betrachte, kann ich beurteilen, ob die Wirkung die erwünschte ist.

d) Optisch pointieren

▶ Farbe und Form sind
  Bedeutungsträger

o Farbe und Form soll bewußt Bedeutung verliehen werden, nur dann kann ich sie zielgerichtet einsetzen. Immer nur einen Bedeutungsträger, entweder Farbe oder Form wechseln. Sparsame Verwendung unterstützt die Klarheit des Gedankens.

▶ Keine Bilderrätsel

o Keine komplizierten Bilder malen, sie verwirren mehr als daß sie klären, weil zuviel erklärt werden muß. Außerdem wirkt es abschreckend auf Menschen, die nicht malen können.

Die folgenden Regeln betreffen vor allem vorbereitete Visualisierungen.

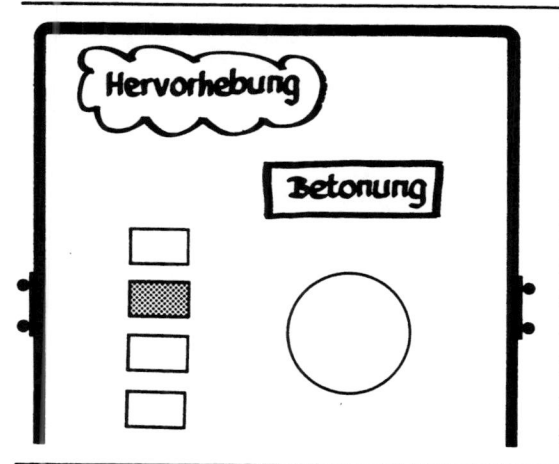

[Abbildung: Tafel mit "Hervorhebung" in Wolke, "Betonung" in Umrahmung, Reihe von Quadraten mit einem schraffierten, sowie ein Kreis]

▶ Überschriften,
  Pointen, Mottos
  optisch hervorheben

o Hervorhebung dient der gemeinsamen Konzentration auf einen Gedanken. Sie zeigt den Anfang eines Prozesses, den Schwerpunkt eines Gedankens an. Mittel der Hervorhebung sind etwa die Wolke, die Umrahmung, der Kuller, eine grüne Karte in einer Reihe von gelben etc..

▶ Struktur der
  Visualisierung
  an der Botschaft
  ausrichten

o Mittel und Formen der Darstellung sollen das Gesagte deutlich und klar ausdrücken.

o Folgende Strukturen sind neben der Hervorhebung Mittel für optische Pointierung:

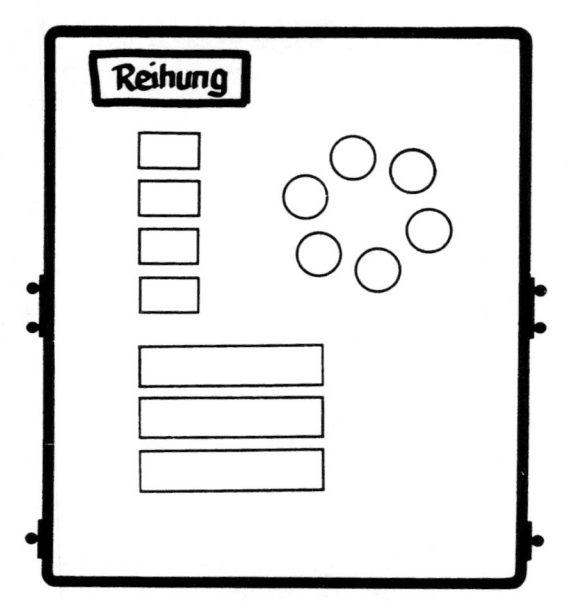

▶ Reihung

Reihung dient der Aufzählung von Elementen, die gleichrangig sind, noch nicht gewichtet wurden. Mindestens drei Elemente sind erst eine Reihung, maximal zehn Elemente sind noch zu überschauen.

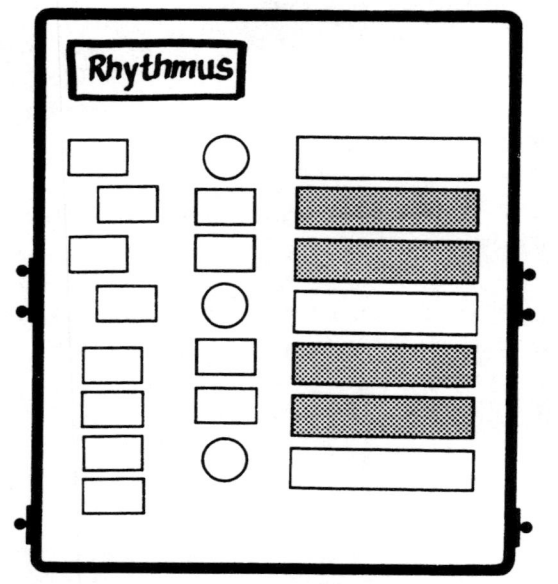

▶ Rhythmus

Rhythmus ist die regelmäßige Anordnung von verschiedenen Elementen oder wechselnde Anordnung gleicher Elemente. Die rhythmische Struktur wird dann eingesetzt, wenn Punkte unterschiedlicher Wertigkeit angeführt werden oder Gruppen von Merkmalen als zusammengehörig gekennzeichnet werden sollen. Rhythmische Nähe und Entfernung kann den Gedanken gliedern helfen.

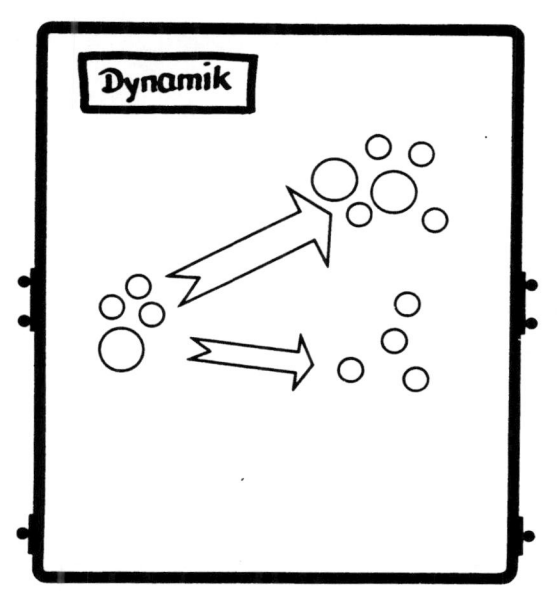

► Dynamik

Dynamik ist eine offene Struktur, eine "Struktur in Bewegung". Sie eignet sich vorzüglich zur Darstellung von Sichtweisen, die herausfordern, provozieren wollen, auch für Konfliktsituationen oder sehr unklare Zustände, Abhängigkeiten und Zusammenhänge

I. Verhalten des Moderators

II. A. Visualisierung

II. B. Frage- und Antworttechniken   **II. B.**

**II. C. Situationsbezogener Einsatz
 von ModerationsMethoden**

II. D. Abendgestaltung

II. E. Moderationsumgebung

III. Anwendungsfelder

IV. Literaturhinweise für Moderatoren

**V. Formblätter:
 Materialcheckliste / Ablaufpläne**

II. B. Frage- und Antworttechniken

1. Allgemeines
2. Antworttechniken

   a) Beantwortung mit
      einem Punkt
      (Ein-Punkt-Frage
   b) Offene Beantwortung
      (Zuruf-Frage)
   c) Beantwortung mit
      Karten (Karten-Frage)
   d) Beantwortung mit
      mehreren Punkten
      (Mehr-Punkt-Frage)
   e) Beantwortung in
      Kleinst- oder Klein-
      gruppen (Kleingruppen-
      scenarien)

B. Frage- und Antworttechniken
1. Allgemeines

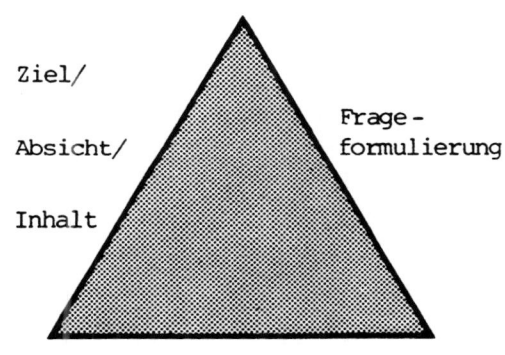

Ziel/Absicht/Inhalt

Frageformulierung

Frage- und Antworttechniken

Zusammen mit der Visualisierung ist die Frage- und Antwortmethode das wichtigste Gestaltungsinstrument des Moderators.

Drei Aspekte greifen dabei ineinander:

Nur wenn alle drei Komplexe in dieser Abhängigkeit gelöst werden, wird die Gruppe ein brauchbares Arbeitsergebnis erzielen.

► Ziel, Absicht, Inhalt

Bevor der Moderator an die konkrete Formulierung der Frage herangeht, muß er sich über die genaue formale Zielsetzung der gesamten Veranstaltung, wie des einzelnen Moderationsschrittes im klaren sein.

Das bedeutet zum Beispiel:

o Soll die Gruppe alle zum Thema gehörenden Probleme sammeln?

o Soll die Gruppe neue Ideen und Lösungsansätze zu schon bekannten Problemstellungen erarbeiten?

o Sollen die Teilnehmer die unterschiedlichen Interessenlagen einander transparent machen?

o Sollen die Beziehungen zwischen den Teilnehmern geklärt werden?

► Frageformulierung für die Arbeit mit Gruppen

"Die Art der Frage unterscheidet zwischen "guten" und "schlechten" Fragen. "Gut" sind solche Fragen, die der Gruppe einen tatsächlichen und nicht nur vorgetäuschten Handlungsspielraum einräumen, "schlecht" sind dagegen solche Fragen, die die Gruppe schon durch ihre Formulierung in eine bestimmte inhaltliche Position drängen. In diesem Sinne sind eine Reihe von Fragearten, die zum Beispiel aus dem Verkaufstraining oder der Verhörpraxis als erfolgreich bekannt sind, als Gruppenfrageart ungeeignet.

Während im Verkaufsgespräch der Gesprächspartner in eine bestimmte Handlungsrichtung, nämlich den Kauf, gedrängt werden soll, ist es gerade in Gruppenprozessen, deren Ziele von der Gruppe selbst gesteuert werden sollen, notwendig, ein Instrumentarium anzubieten, das eine solche Selbststeuerung ermöglicht. Wir halten nur solche Fragearten für "gute" Fragen, die diesen Selbststeuerungsprozeß der Gruppe fördern.

In diesem Sinn sind:

► Gute Fragen	► Schlechte Fragen
o Offene Fragen	o Rhetorische Fragen
o Fragen, die eine differenzierende Antwort ermöglichen	o Ja/Nein-Fragen
o Fragen, die zur Beantwortung reizen	o Peinliche Fragen (Fragen, die zu Gesichtsverlust führen)
o Für alle verständliche Fragen	o Lehrerfragen (Fragen, deren Ergebnis richtig oder falsch sein kann)
	o Inquisitorische Fragen
	o Fangfragen
	o Fragen, deren Ergebnis selbstverständlich ist."

Aus: Schrader, Straub, Darstellungstechnik und Technik der Auswahl und Verdichtung von Informationen (RKW-Handbuch "Führungstechnik und Organisation", S. 19), s.S. 263ff

2. Antworttechniken (Übersicht)
a) Beantwortung mit einem Punkt (Ein-Punkt-Frage)

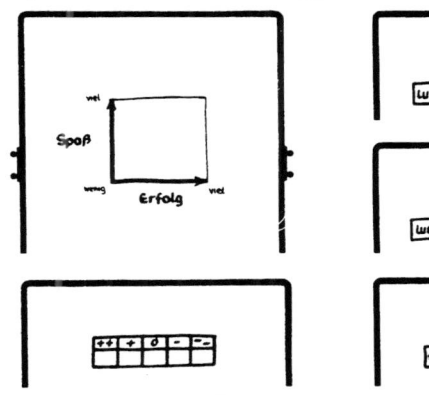

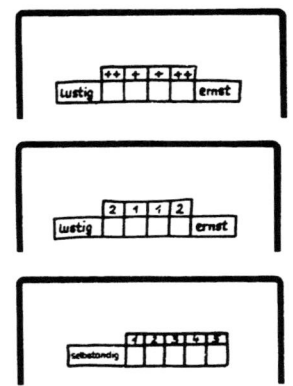

Wofür?

Erfragen von

- Meinungen
- Haltungen
- Schätzungen
- Erwartungen
- Stimmungen

Dauer zirka fünf Minuten

b) Offene Beantwortung (Zuruf-Frage)

Sammeln von

- Problemen
- Themen
- Ideen
- Lösungsansätzen

Dauer zirka zehn Minuten

c) Beantwortung mit Karten

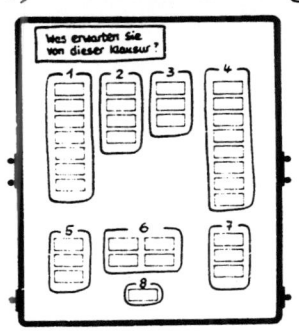

Anonymes Erfragen
und Sortieren von

- Problemen/Themen
- Erwartungen
- Ideen
- Lösungsansätzen

Dauer zirka 30 Minuten

d) Beantwortung mit mehreren Punkten (Mehr-Punkt-Frage)

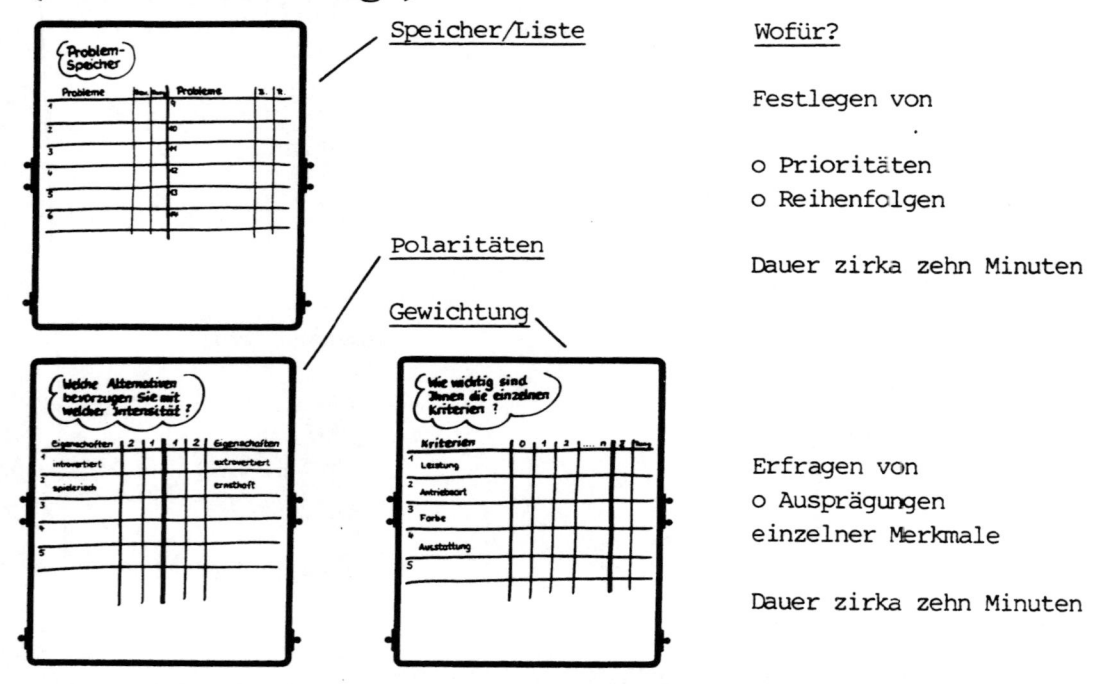

Speicher/Liste

Polaritäten

Gewichtung

Wofür?

Festlegen von

o Prioritäten
o Reihenfolgen

Dauer zirka zehn Minuten

Erfragen von
o Ausprägungen
einzelner Merkmale

Dauer zirka zehn Minuten

e) Beantwortung in Kleinst- oder Kleingruppen (Kleingruppen-Scenarien)

Sammlung und Bearbeitung von

o Problemen
o Ideen
o Lösungen

Dauer 20-60 Minuten

2. Antworttechniken
a) Beantwortung mit einem Punkt (Ein-Punkt-Frage)

Die meisten Fragen sind nicht mit einem eindeutigen Ja oder Nein zu beantworten. Eine Frage, die als Antwort nur Ja oder Nein zuläßt, kennzeichnet deshalb häufig nicht die tatsächliche Meinungsvielfalt der Gruppe. Hinzu kommen häufig Stimmungen zum Tragen, die nur mittelbar etwas mit den geäußerten Sachargumenten zu tun haben. Deshalb ist es wichtig, den Grad der Zustimmung oder Ablehnung zu wissen.

▶ Durchführung

Die Moderatoren stellen die auf einem Plakat visualisierte Frage mit dem entsprechenden Antwort-Raster vor. Danach bekommt jeder Teilnehmer einen Selbstklebepunkt mit der Bitte, diesen zur Beantwortung der Frage zu benutzen.

Die Interpretation des Gruppenergebnisses sollte von der Gruppe selbst vorgenommen werden, etwa durch die Frage: "Was sagt Ihnen dieses Bild?" oder "Was hat Ihre Antwort beeinflußt?".

Die Moderatoren schreiben diese Antworten stichwortartig auf das Plakat. Dies ist besonders wichtig bei stark streuenden Antworten, da der Einsatz der Ein-Punkt-Frage - ohne Hinterfragen - nur ein sehr grobes Bild liefert.

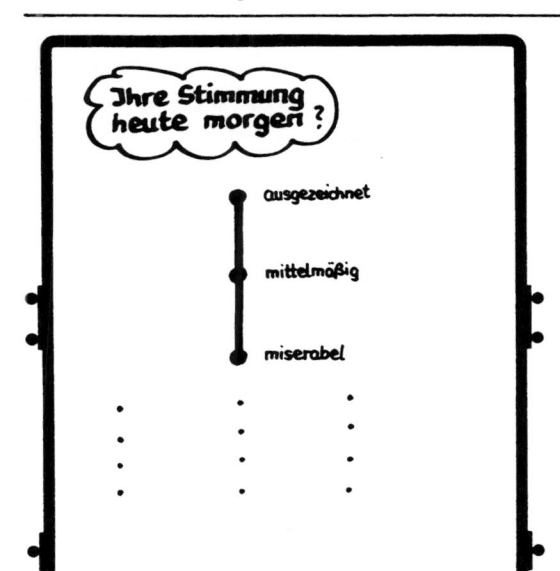

Beispiele:

Gleitende Skala

o Die Linie für die Skala kommt in die Mitte des Blatts in die obere Hälfte.

o Die Länge der Linie bemißt sich nach der Gruppengröße, so daß eine deutliche Streuung sichtbar werden kann.

o Unterhalb der Skala sollte Platz sein, um die Kommentare der Gruppe zu notieren.

Gestufte Skala

o Die Felder für die Punkte sollen geschlossen sein und groß genug, daß alle Teilnehmer noch in ein Feld kleben könnten, ohne daß sie die Punkte übereinanderkleben müßten.

o Statt der Bezeichnung der einzelnen Felder von ++ bis -- kann auch eine Beschriftung vorgenommen werden.

o Unterhalb der Skala muß Platz für Zuruf-Kommentare bleiben.

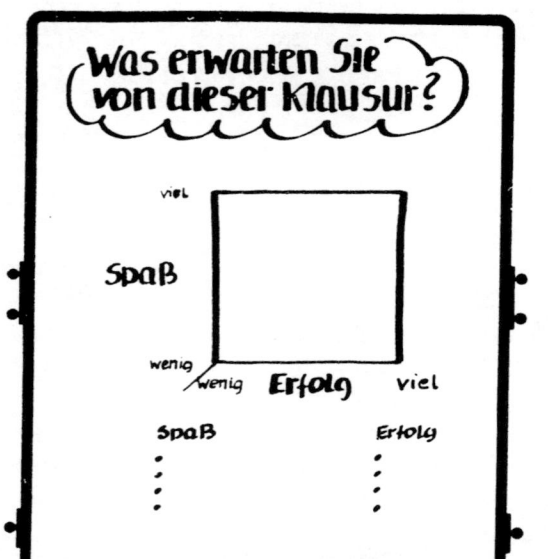

Koordinatenfeld

o Die Größe des Feldes orientiert sich an der Gruppengröße.

o Die Bezeichnung der Koordinate (zum Beispiel "Spaß") wird in die Mitte der Linien geschrieben, die jeweiligen entgegengesetzten Ausprägungen werden an die Eckpunkte gesetzt.

o Darunter soll Platz für Kommentare bleiben.

o Alle vier Ecken müssen einen Sinn ergeben und der Gruppe erläutert werden.

Weitere Beispiele siehe unter II. C. "Situationsbezogener Einsatz von Moderationsmethoden".

b) Offene Beantwortung (Zuruf-Frage)

Die Zuruffrage eignet sich, wenn

o die Frage nicht allzu langes Nachdenken erfordert,

o eine gegenseitige Anregung der Teilnehmer gewünscht wird,

o der Vertrauensgrad in der Gruppe Anonymität nicht erforderlich macht.

▶ Durchführung

Die Moderatoren visualisieren die Frage auf einem Plakat mit einer vorbereiteten Liste. In die Felder schreiben sie die von den Teilnehmern per Zuruf gegebenen Antworten. Die Antworten werden ohne Beachtung des systematischen Zusammenhangs hintereinander aufgeschrieben. Wie beim Brainstorming soll keine Antwort kritisiert werden. Alle Nennungen werden aufgeschrieben.

Ein nachträgliches Sortieren ist durch Übertrag in eine neue Liste möglich, indem man Antwort für Antwort durchgeht und sie dabei versucht zusammenzufassen.

Wie bei der Karten-Frage können anschließend Schwerpunkte durch eine Mehr-Punkt-Frage gebildet werden.

Zuruf-Frage

o Die Frage ist eine Überschrift, wird also blockartig in die linke obere Ecke gesetzt und betont (Wolke, Unterlegung usw.).

o Zuruf-Fragen werden in zwei Kolonnen mitgeschrieben.

c) Beantwortung mit Karten

Bei mehr als fünf Teilnehmern an einer Sitzung ist es zeitlich sehr aufwendig, ständig die Meinung aller zu einem Problem zu erfragen. Deshalb unterbleibt es meist, Gruppentransparenz herzustellen, und die weniger aktiven Teilnehmer werden nicht aktiviert. Ferner unterbleibt es fast immer, den emotionalen Hintergrund einer Diskussion ausfindig zu machen.

Bei vielen Problemdiskussionen sind die Teilnehmer nicht bereit, offen über ihre Probleme und Wünsche zu reden. Aus Unkenntnis der tatsächlichen Schwierigkeiten bleiben dann Veranstaltungen folgenlos.

Durch eine Kartenfrage wird es den Teilnehmern ermöglicht, weitgehend anonym auf Fragen zu antworten. Häufig erleben dadurch die Teilnehmer, daß andere die gleichen oder ähnliche Probleme haben, über die sie nicht gewagt hätten, offen zu sprechen.

Dieses Erlebnis trägt dazu bei, daß der Vertrauensgrad und damit die Offenheit in der Gruppe zunimmt.

► <u>Durchführung</u>

Die Moderatoren stellen die visualisierte Frage an die Gruppenteilnehmer. Die Teilnehmer schreiben ihre Antwort mit Filzschreibern deutlich lesbar auf eine Karte (für jede Aussage nur eine Karte benutzen!). Die Karten werden auf einer anderen Steckwand umsortiert, gesammelt und nach Gemeinsamkeiten sortiert. Es empfiehlt sich, die Steckwand mit Packpapier zu bespannen, um die Karten anschließend aufzukleben. Der Sortiervorgang erfolgt gemeinsam mit der Gruppe nach dem Assoziationsverfahren. Die Gruppe entscheidet, welche Fragen "zusammengehören". Daraus entstehen "Klumpen" von Karten, weshalb dieser Vorgang das "Klumpen" genannt wird. Sind alle Karten geordnet, werden die Klumpen mit einem dicken Filzstift eingerahmt und mit einer Überschrift versehen, die sich soweit wie möglich an die Formulierung der Kartenbeiträge halten soll.

Eine Variante zum unsortierten Aufhängen vor dem Klumpen: Die Moderatoren sammeln alle Karten und behalten sie in der Hand. Nachdem alle Teilnehmer mit Kartenschreiben fertig sind, beginnt das Klumpen "aus der Hand". Jede Karte wird einzeln vorgelesen, den Teilnehmern gezeigt und mit ihnen gemeinsam zugeordnet.

Es besteht auch die Möglichkeit, zwei Fragen gleichzeitig an die Gruppe zu stellen, zum Beispiel:

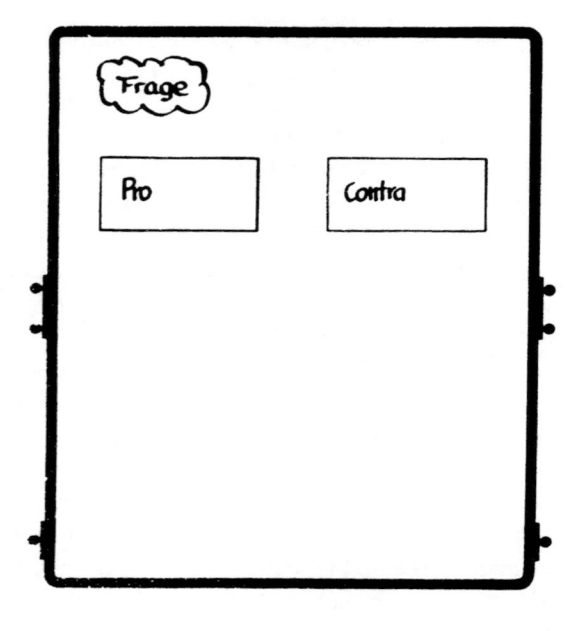

In diesem Fall werden die Kartenfarben für die Antworten vorher – für alle sichtbar – festgelegt.

Die Moderatoren schreiben die Frage auf eine Karte der entsprechenden Farbe und hängen sie an die Steckwand. Auf diese Weise können sich die Teilnehmer jederzeit über die richtige Kartenfarbe für ihre Antwort informieren.

Die Antworten werden wie oben geklumpt, wobei entweder die Farben getrennt gehalten werden, falls in der weiteren Bearbeitung getrennt über die Aspekte (z.B. positiv/negativ) weiterdiskutiert werden soll, oder ineinandergemischt werden können, falls die Informationen thematisch geordnet werden sollen.

d) Beantwortung mit mehreren Punkten (Mehr-Punkt-Frage)

In Gruppen-Zusammenkünften passiert es häufig, daß über einen einzelnen Problemaspekt heiß diskutiert wird, ohne daß die Teilnehmer einen Überblick über die gesamte Problematik haben. Meist wird ein Teilproblem vom Hierarchen, Redelöwen, Gesprächsleiter, Argumentations-Rocker, Initiator, Moderations-Travolta zur Diskussion gestellt.

Vom Initiator vermuteter wichtigster Problemteil

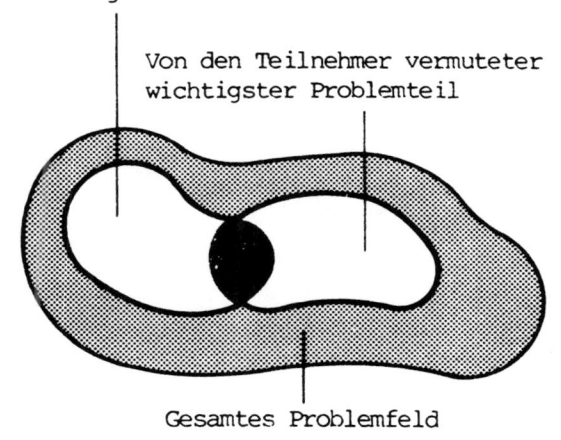

Von den Teilnehmer vermuteter wichtigster Problemteil

Gesamtes Problemfeld

Um diese Einseitigkeit zu vermeiden, lohnt es sich, erst einmal alle Problembestandteile zu erfassen (siehe II. C. 3.), um anschließend erst die Reihenfolge für die Diskussion festzulegen.

Durch Auslassen dieses methodischen Schritts wird vermeintlich Zeit gespart. Was aber häufig dazu führt, daß diese fehlende "Arbeitsvorbereitung" Diskussionen entfacht, die nur noch wenig mit den wirklichen Problemen der Teilnehmer zu tun haben.

► Durchführung

Speicherbewertung

Die verschiedenen in der Diskussion genannten Aspekte werden auf einem Packpapier aufgelistet, nachdem sie entweder durch Kartenfrage oder durch Zuruf gesammelt wurden. Danach werden die Klumpenüberschriften oder die durch Zuruf entstandenen Oberpunkte in einen Bewertungsspeicher übertragen.

Die Teilnehmer erhalten Selbstklebepunkte, und zwar etwa halb soviele, wie Aspekte zur Auswahl stehen (je größer die Zahl der Teilnehmer, desto niedriger sollte die Zahl der Punkte sein).

"Wichtig ist, daß die Moderatoren den Gesichtspunkt der Auswahl (der "Punkte") genau angeben. Es können also die wichtigsten Aspekte ausgewählt werden oder die am schnellsten zu realisierenden oder die kreativsten usw. Jedesmal wird die Auswahl der Gruppe anders ausfallen!

Das Punkten soll teilanonym, das

heißt, zwar für alle sichtbar, aber für alle mit der gleichen Punktfarbe und -zahl erfolgen, da:

o geheimes Kleben in der Regel konsequenzlos bleibt,

o Koalitionsbildungen beim Kleben gruppendynamisch erwünscht sind."

Die ranghöchsten Probleme/Themen können nun weiterbearbeitet werden, zum Beispiel in Kleingruppen.

Themenspeicher

o Im Speicher werden Themen, Probleme, Vorschläge, Ideen gesammelt, um nachher bewertet zu werden. Die Spalte für den Klebepunkt (" • ") muß groß genug sein, um Punkte und Zahl der Punkte aufzunehmen, Zahl der Punkte mit dickem Filzstift schreiben. In die mit "R" bezeichnete Spalte wird der Buchstabe für die Rangordnung geschrieben.

o Linienabstand so wählen, daß Sie bequem eine Karte hineinhängen können (zirka 18 Zentimeter).

o Oben muß genügend Platz bleiben, um eine Karte mit der Bewertungsfrage hineinzuhängen.

o Es empfiehlt sich - der besseren Übersicht halber - vorher zu numerieren.

o Eine Umrandung der gesamten Liste ist unnötig. Sie kostet nur Platz.

► Polaritäten-Gewichtung

Weitere Anwendungsmöglichkeiten der Mehr-Punkt-Frage sind Polaritäten und einfache Gewichtungen. Von der Speicherbewertung unterscheidet sich diese Form dadurch, daß jeder Teilnehmer für jede Zeile (Kriterium, Eigenschaft, Merkmal etc.) je einen Punkt erhält. Es sollen nicht mehr als acht Zeilen zur Gewichtigung angeboten werden, da die Teilnehmer sonst leicht den Überblick verlieren.

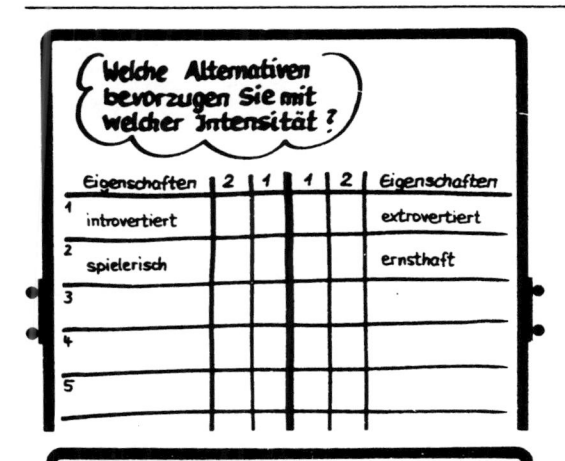

Er kann für jede Zeile die Bedeutung (Intensität der Zustimmung oder Ablehnung) mit einem Punkt festlegen.

Folgende Varianten sind möglich:

► 1. Gegensatzpaare zur Gewichtung

Für den Fall, daß unentschiedene Meinungen zugelassen werden sollen, kann man in der Mitte eine 0-Spalte vorsehen.

Welche Alternativen bevorzugen Sie mit welcher Intensität?

Eigenschaften	2	1	1	2	Eigenschaften
1 introvertiert					extrovertiert
2 spielerisch					ernsthaft
3					
4					
5					

► 2. Einfache Gewichtung

Die einzelnen Punkte in den jeweiligen Spalten werden mit der jeweiligen Ziffer (z.B. 0, 1, 2 ... n) multipliziert und pro Zeile addiert. Die Gesamtsumme pro Zeile bestimmt die Bedeutung des Kriteriums.

Wie wichtig sind Ihnen die einzelnen Kriterien?

Kriterien	0	1	2	....	n	Σ	Rang
1 Leistung							
2 Antriebsart							
3 Farbe							
4 Ausstattung							
5							

e) Beantwortung in Kleinst- oder Kleingruppen (Kleingruppen-Scenarien)

In Gruppen mit mehr als fünf Teilnehmern ist der Kommunikationsumschlag so schwerfällig, daß nicht mehr gleichzeitig "in die Tiefe" diskutiert werden kann und alle Teilnehmer ständig beteiligt werden können. So bilden sich Redehierarchien, durch die nur noch ein Minimum des Ideen-Potentials genutzt werden kann.

► Durchführung

Nachdem im Plenum die Themen-/Problemsammlung (siehe B. 2. b) oder c)) und Bewertung (siehe B. 2. d)) abgeschlossen wurde, werden zur weiteren Bearbeitung Kleingruppen gebildet.

Die Gruppen sollen mindestens zwei Personen (Kleinstgruppe) und maximal fünf Personen umfassen, da Gruppen mit mehr als fünf Personen leicht wieder in kleinere Gruppe zerfallen. (Beispiel: Bei 20 Teilnehmern können vier bis fünf Themen zur Auswahl gestellt werden oder ein Thema in vier bis fünf Kleingruppen parallel diskutiert werden.)

Die Aufteilung in Kleingruppen kann nach verschiedenen Gesichtspunkten erfolgen:

► 1. Gruppenbildung nach dem Zufall

o losen,
o abzählen,
o nach Sitzordnung.
o Gruppenpuzzle: Der Moderator zerschneidet so viele Karten, wie Gruppen gebildet werden sollen. Jede Karte hat soviele Teile, wie die Gruppe Teilnehmer haben soll. Diese Puzzleteile werden gemischt, jeder Teilnehmer zieht sich ein Stück und sucht die zusammenhängenden Teile, deren Besitzer gemeinsam die Kleingruppe bilden.

► 2. Gruppenbildung nach Themeninteresse

o Jeder Teilnehmer schreibt das Thema, an dem er mitarbeiten möchte, und seinen Namen auf einen Kuller (runde Karten, 10 Zentimeter Durchmesser). Die Kuller werden eingesammelt und für alle sichtbar - nach Themen sortiert - auf den Boden gelegt. Bei ungleichen Gruppengrößen kann gefragt werden, wer sich noch umorientieren möchte. Ist eine Gruppe größer als fünf Personen, so sollte diese Gruppe in zwei Gruppen aufgeteilt werden, die dann parallel an dem gleichen Thema arbeitet.

o In der Runde abfragen: Die Themen werden auf ein Plakat geschrieben, die Teilnehmer werden der Reihe nach nach ihrer Themenzuordnung gefragt. Wenn eine Gruppe mehr als fünf Teilnehmer umfaßt, wird dieses Thema in zwei Gruppen parallel bearbeitet. Eine thematische Zuordnung ist nur bei unterschiedlichen Themen möglich.

► 3. Gruppenbildung
nach Sympathie

o Gruppenbildung durch Augenkontakt (nur geeignet bei Zweiergruppenbildung und gerader Teilnehmerzahl).

o Zuordnung zu Symbolen: Der Moderator zeigt soviele Symbole, wie Gruppen gebildet werden sollen (z.B. ○ △ □ ☁), denen sich die Teilnehmer zuordnen.

► 4. Gruppenbildung
nach Funktionen

Zuordnung einzelner Teilnehmer zueinander durch den Moderator sollte unbedingt vermieden werden, da es meist zu Widerständen führt. Im Laufe einer Klausur sollten verschiedene Möglichkeiten der Kleingruppen-Bildung benutzt werden, um wechselnde Zusammensetzungen der Kleingruppen zu ermöglichen.

Bevor die Kleingruppen das Plenum verlassen, stellt der Moderator das für die Themen und die Situation passende Kleingruppenscenario vor. Mit Hilfe eines Scenarios (Fragestellungen) können die Kleingruppen - ohne lange methodische Diskussionen über das Vorgehen - sofort in die inhaltliche Diskussion einsteigen (siehe C. S. 99, 121ff, 133ff).

►Beispiel für Kleingruppen:

Eine erfolgreiche Kleingruppenarbeit hängt davon ab, daß der Moderator eine präzise Arbeitsanweisung gegeben hat. Die Kleingruppen sollen ihren Diskussionsverlauf an dem vorgegebenen Schema orientieren und mitvisualisieren. Den Kleingruppen sollte zu Beginn der Arbeit eine Zeitvorgabe gegeben werden oder deutlich gemacht werden, daß dann Ende ist, wenn alle Gruppen fertig sind.

Thema	
Problembeschreibung	Lösungsansätze
Widerstände	offene Fragen

Die Kleingruppenergebnisse sollen von zwei Kleingruppenmitgliedern vor dem Plenum präsentiert werden. In dieser Phase erhalten alle Teilnehmer einen Überblick über alle diskutierten Themen und können gemeinsam das weitere Vorgehen festlegen.

Die weiter zu diskutierenden Themen werden für die nächste Kleingruppenrunde wieder in den Themen-/Problemspeicher gesammelt.

Bei den Kleingruppendiskussionen sollten die Moderatoren die Gruppen alleine arbeiten lassen und ihnen nur methodisch aus eventuellen Sackgassen helfen.

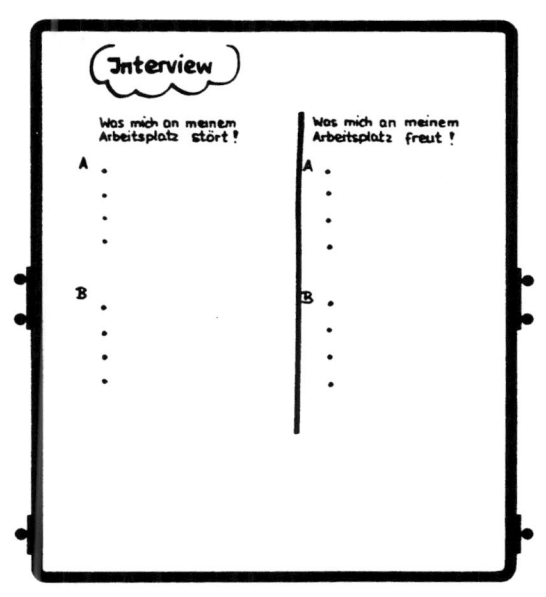

Scenario für Kleinstgruppenarbeit

I. Verhalten des Moderators

II. A. Visualisierung

II. B. Frage- und Antworttechniken

II. C. Situationsbezogener Einsatz
    von ModerationsMethoden   II. C.

II. D. Abendgestaltung

II. E. Moderationsumgebung

III. Anwendungsfelder

IV. Literaturhinweise für Moderatoren

V. Formblätter:
   Materialcheckliste / Ablaufpläne

II. C. Situationsbezogener Einsatz von Moderations-Methoden

1. Kennenlernen

    a) Steckbrief
    b) Paarinterview
    c) Gruppenspiegel

2. Anwärmen

    a) Einstiegsfragen
    b) Graffiti
    c) Ankomm-Übung
    d) Anwärmfragen am Beginn des Tages
    e) Organisatorische Bedingungen

3. Problemsammlung/ Problemstrukturierung

    a) Einstiegsfragen zur Problemorientierung
    b) Methoden der Problemsammlung
    c) Erstellen eines Themen- oder Problemspeichers
    d) Auswahl aus dem Themen- oder Problemspeicher
    e) Gewichtung von Aussagen und Problemen

4. Problembearbeitung

    a) Kleingruppenarbeit
    b) Regeln für die Kleingruppenarbeit
    c) Vorstellen der Kleingruppenergebnisse im Plenum

5. Transparenzfragen

    a) Herstellen von Transparenz auf der Sachebene
    b) Herstellen von Transparenz auf der Beziehungsebene
    c) Feedbackfragen im Diskussionsprozeß

6. Kreativitätserweiterung

    a) Utopiespiel
    b) Brainwriting

7. Konfliktbearbeitung

    a) Pro- und Contraspiel
    b) Konsensbildung
    c) Kommunikationsübungen zur Bearbeitung von Konfliktsituationen
    d) Konfliktbearbeitung in Kleingruppen

8. Erarbeiten von Lösungsansätzen

    a) Erstellen einer Problemlandschaft
    b) Kleingruppenscenarien
    c) Simultanprotokoll als Zwischenprotokoll
    d) Zusammenfassen des Problemspeichers

9. Umsetzen und Sichern
   der Ergebnisse

   a) Aktivitäts- und
      Verhaltenskataloge
   b) Simultanprotokoll
      als Abschlußprotokoll

10. Abschluß der Veranstaltung

    a) Offene Fragen
    b) Abschlußblitzlicht
    c) Ein-Punkt-Frage

11. Folgeaktivitäten

12. Vorbereitung einer Moderation

    a) Fragen und Einstimmen
       der Teilnehmer
    b) Durchdenken der Bedingungen
       anhand von Vorfragen
    c) Aufbau einer Moderation
    d) Ablauf einer Moderation

C. Situationsbezogener Einsatz von Moderations-Methoden
1. Kennenlernen
a) Steckbrief

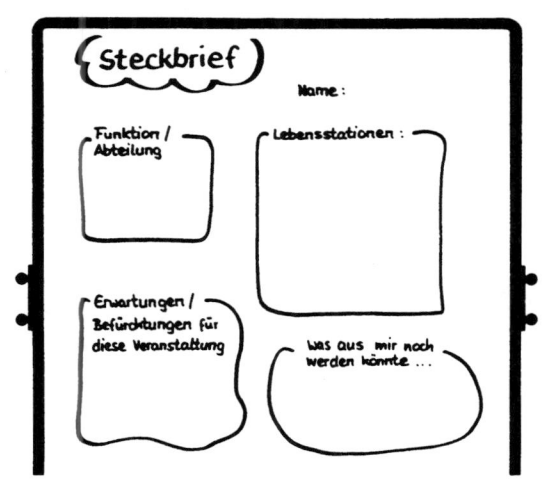

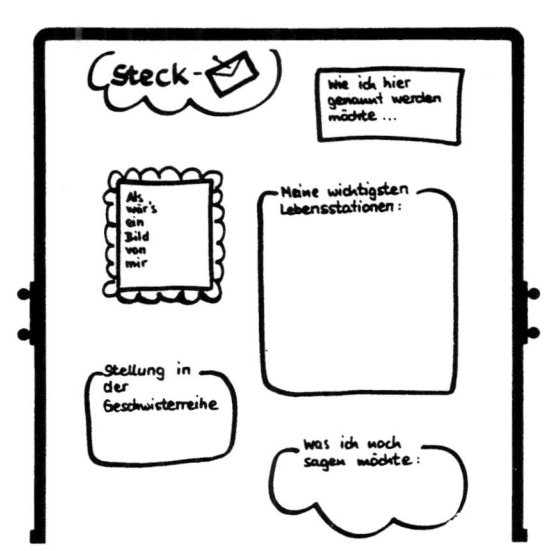

Jeder Teilnehmer füllt für sich ein Plakat aus, dessen Struktur von den Moderatoren vorgegeben ist. Die Fragen, die die Struktur bilden, sollen von den Moderatoren danach ausgewählt werden, was für die Gruppe interessant ist, von dem einzelnen zu wissen. Sie sollen so formuliert sein, daß sie dem einzelnen ermöglichen, etwas Persönliches von sich zu berichten.

Die Plakate werden nacheinander von den Teilnehmern vorgestellt. Ergänzende Fragen an die Person sind möglich.

Jeder Teilnehmer hat die Möglichkeit, die Beantwortung einzelner Fragen ohne Begründung abzulehnen. Damit soll sicher gestellt werden, daß jeder Teilnehmer nur so viel Intimität für sich zuläßt, wie er meint, verantworten zu können.

Der Steckbrief wird auch von den Moderatoren ausgefüllt, die damit ihre eigene Vorstellung in die Vorstellung der Gruppe integrieren.

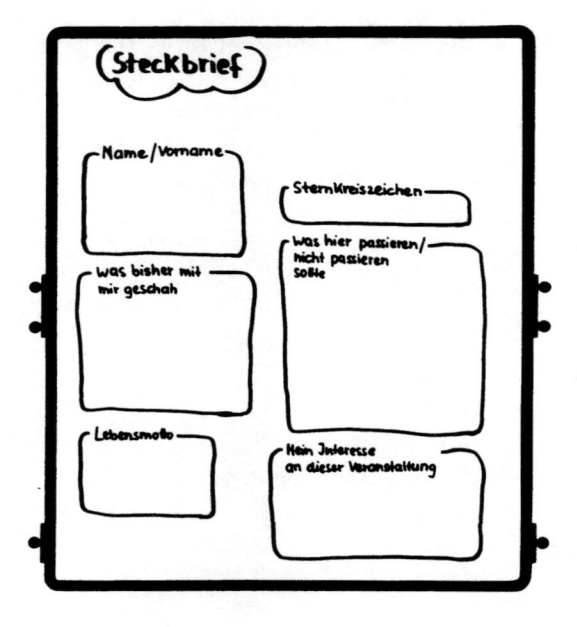

Steckbrief

Name/Vorname

Sternkreiszeichen

Was bisher mit mir geschah

Was hier passieren/ nicht passieren sollte

Lebensmotto

Mein Interesse an dieser Veranstaltung

b) Paarinterview

Aus der Teilnehmergruppe finden sich Paare zusammen nach der Maßgabe, sich einen Partner zu suchen, den man noch nicht so gut kennt.

Die Partner interviewen sich gegenseitig und schreiben die Antworten auf einem Plakat in Stichworten mit. Das Interview kann völlig frei geführt werden, es können aber auch Fragen vorgegeben werden, zum Beispiel:

o Was freut, was stört mich an meiner Arbeit

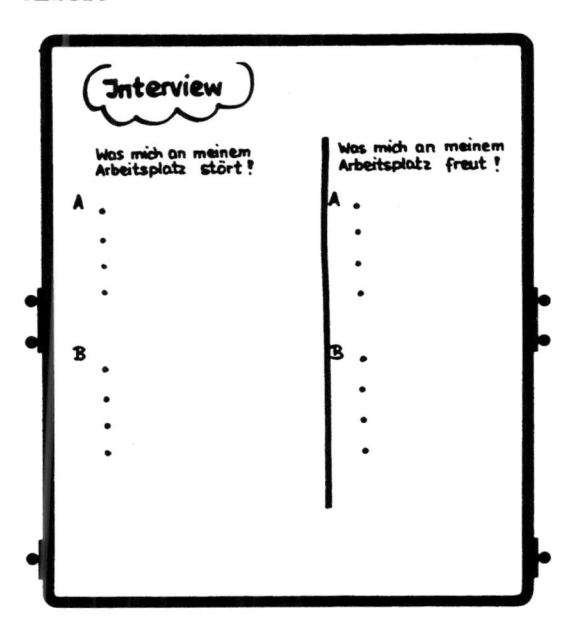

o Wichtige Lebensstationen

o Erwartungen und Befürchtungen gegenüber dieser Veranstaltung

Alle Fragen aus dem Steckbrief sind auch hier anwendbar.

Die Ergebnisse des Interviews werden im Anschluß im Plenum vorgestellt. Dabei kann entweder jeder sich selbst vorstellen oder sich von seinem Partner vorstellen lassen. Die Aussagen können in Listen erfaßt und anschließend gewichtet werden.

c) Gruppenspiegel

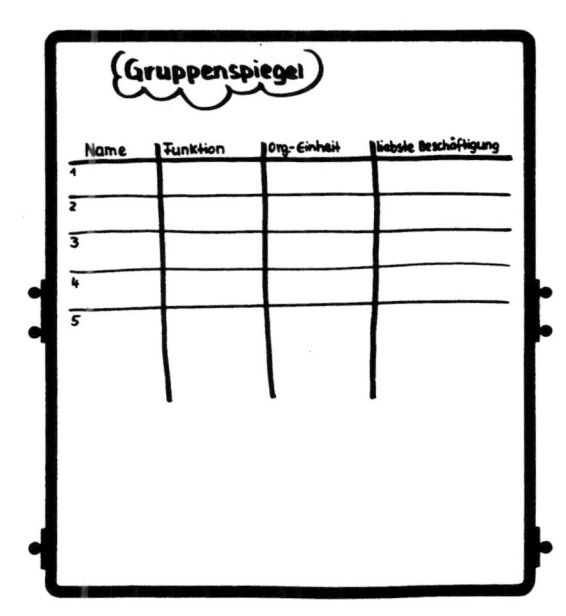

Der Gruppenspiegel kann während der Vorstellungsrunde von den Moderatoren mitgeschrieben oder vor Beginn der Veranstaltung von den Teilnehmern beim Hereinkommen ausgefüllt werden. Im zweiten Fall wird die Vorstellungsrunde anhand des Gruppenspiegels durchgeführt.

Er sollte immmer eine Spalte enthalten, in der der Teilnehmer etwas Persönliches von sich sagen kann.

Der Gruppenspiegel sollte nach Möglichkeit während der ganzen Veranstaltung sichtbar hängen bleiben. Das gilt besonders für Gruppen, die sich erst in der Veranstaltung kennenlernen.

2. Anwärmen
a) Einstiegsfragen

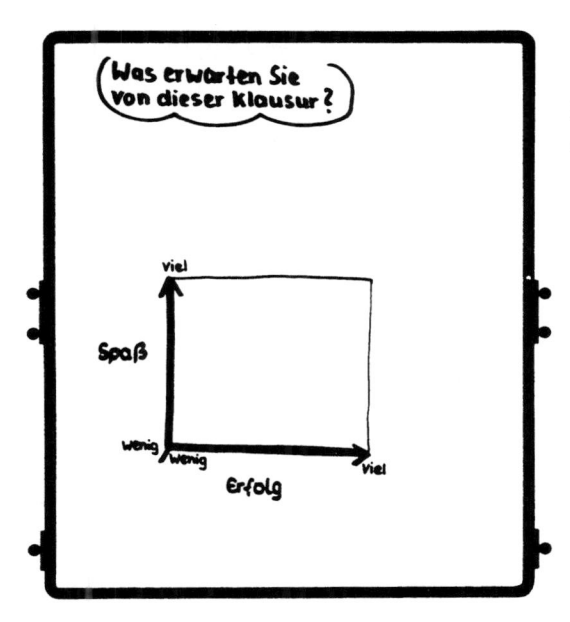

▶ Ein-Punkt-Fragen (Beispiele)

Mit einer anderen Punktfarbe können die Teilnehmer am Ende der Veranstaltung ein Feedback geben.

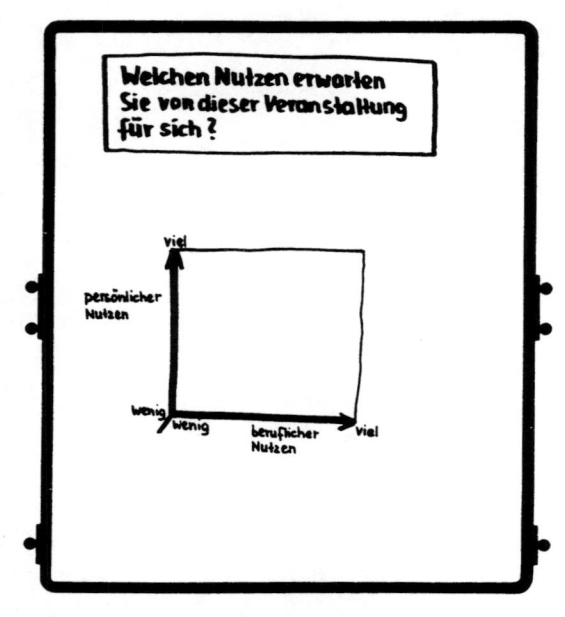

> Wie stark sind Sie persönlich von unserem Thema getroffen?

stark betroffen	betroffen	wenig betroffen	gar nicht betroffen

---

Welchen Nutzen erwarten Sie von dieser Veranstaltung für sich?

persönlicher Nutzen: wenig ↔ viel

beruflicher Nutzen: wenig ↔ viel

➤ <u>Zuruf-Fragen</u>

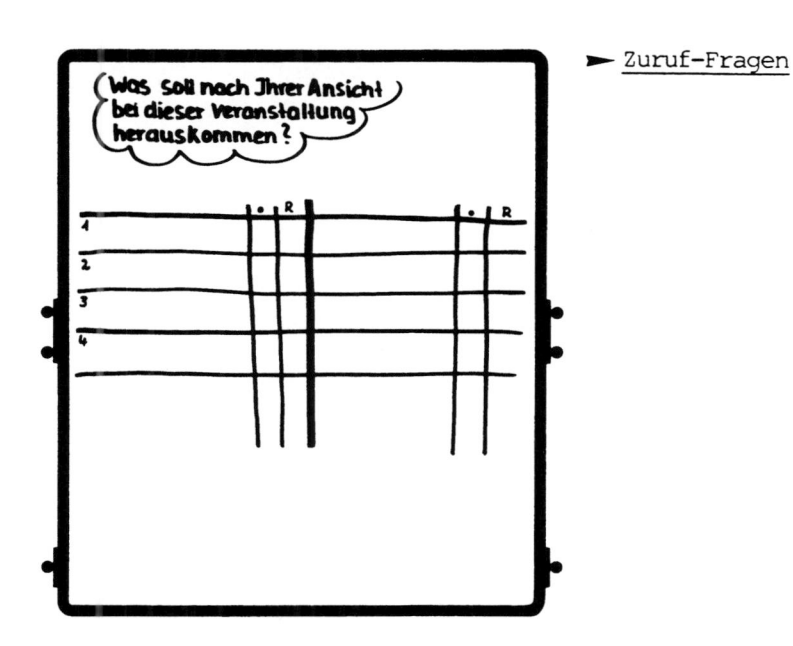

(Was soll nach Ihrer Ansicht bei dieser Veranstaltung herauskommen?)

(Was kann diese Gruppe zur Lösung unseres Problems beitragen?)

b) Graffiti

Vor Eintreffen der Teilnehmer stellen die Moderatoren Tafeln auf, auf denen in der oberen Ecke Satzanfänge stehen wie:

"Am schönsten wäre es, wenn hier ..."
oder
"Am meisten befürchte ich, daß hier ..." oder
"Ich glaube, hier kann ich ..." usw.

Beim Hereinkommen ergänzen die Teilnehmer mit daneben liegenden Filzstiften oder auf Karten diese Sätze. Die Tafeln werden am Beginn der Veranstaltung vorgestellt und zum Anlaß genommen, Hoffnungen und Befürchtungen zu besprechen.

Nach R.E. Bales, s. Vopel, S. 263ff

c) Ankomm-Übung

Wenn eine Veranstaltung morgens beginnt und die Ankunft sehr hektisch war, empfiehlt es sich, den Teilnehmern die Möglichkeit zu geben, auch "geistig anzukommen". Dazu eignet sich eine Phantasiereise, in der die Teilnehmer die Erlebnisse des Morgens noch einmal vor ihrem inneren Auge vorbeiziehen lassen können.

Die Teilnehmer schließen die Augen, lassen ihren Atem frei fließen. Der Moderator spricht zum Beispiel folgenden Text:

"Gehen Sie jetzt zu dem Augenblick zurück, an dem Sie aufgewacht sind ... Wie war Ihr Gefühl? ... Hatten Sie einen Traum? ... Können Sie sich noch an ihn erinnern? ... Sie stehen jetzt auf; erleben Sie schrittweise nach, was Sie nach dem Aufstehen getan haben. ... Hat Sie etwas geärgert? ... Lassen Sie den Ärger noch einmal in sich hochkommen. ... Schließen Sie jetzt ab damit. ... Hat Sie etwas gefreut? ... " usw.
Ende: "Kommen Sie jetzt in diese Runde zurück ... Öffnen Sie die Augen und sehen Sie sich um. ... Jetzt sind Sie hier!"

" ... " steht für Pausen, die lang genug sein müssen, daß der Teilnehmer das Bild in sich entstehen lassen kann.

Dierichs u.a., Workbook, Methode 4.2.1, s.S. 263ff

d) Anwärmfragen am Beginn des Tages

Bevor die eigentliche Arbeit beginnt, sollten die Teilnehmer die Möglichkeit haben, sich durch gemeinsame Beantwortung einer Frage wieder als Gruppe zu erleben.

Beispiele:

➤ Ein-Punkt-Frage

Wie hat Ihnen der gestrige Abend gefallen?

sehr gut	gut	wenig	überhaupt nicht

Wie zufrieden sind Sie mit Unterbringung / Verpflegung / Service hier?

++	+	+/-	−	−−

➤ Zuruf-Fragen

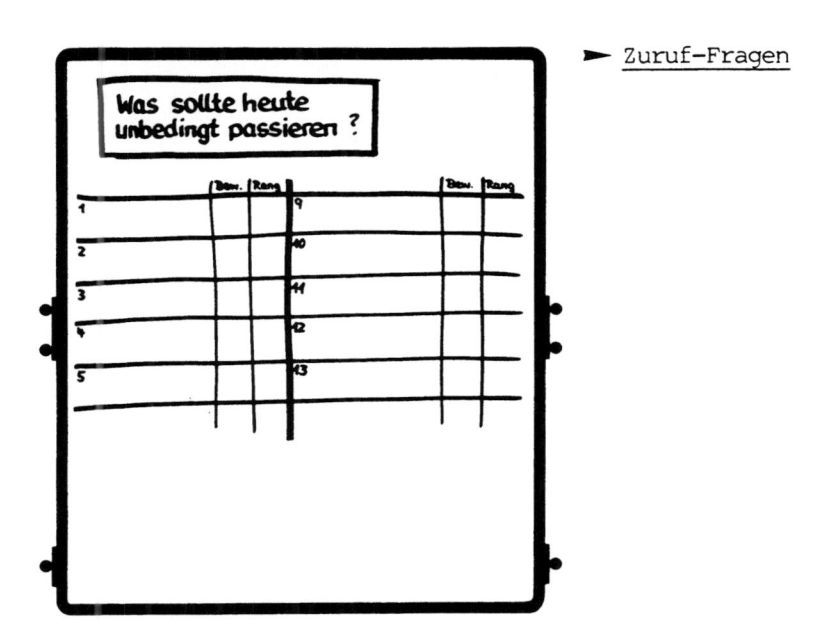

e) Organisatorische Bedingungen

In den seltensten Fällen kommen alle Teilnehmer gleichzeitig an. Die Zeit, bis alle Teilnehmer eingetroffen sind, kann durch erste Moderationstechniken zum Beispiel Graffitti oder Ausfüllen des Gruppenspiegels überbrückt werden.

In jedem Fall sollte aber die Möglichkeit zu zwanglosem Zusammensein gegeben sein. Dazu bietet sich ein gemeinsames Begrüßungsgetränk an der Bar oder in einem gemütlichen Raum an. Auf jeden Fall sollte vermieden werden, daß die Teilnehmer in dieser Anfangsphase mit sich allein gelassen werden.

Die Teilnehmer sollten vor Beginn der Veranstaltung die Möglichkeit haben, ihre Hotelzimmer zu beziehen und sich über die Räumlichkeiten zu informieren.

Die Moderatoren sollten mit ihren Vorbereitungen fertig sein, bevor die ersten Teilnehmer kommen, damit nicht einzelne Teilnehmer die ersten Fragen schon gesehen haben, bevor es los geht. Außerdem sollten sich die Moderatoren in der Phase des Ankommens den Teilnehmern widmen können.

3. Problemsammlung/Problemstrukturierung
a) Einstiegsfragen zur Problemorientierung

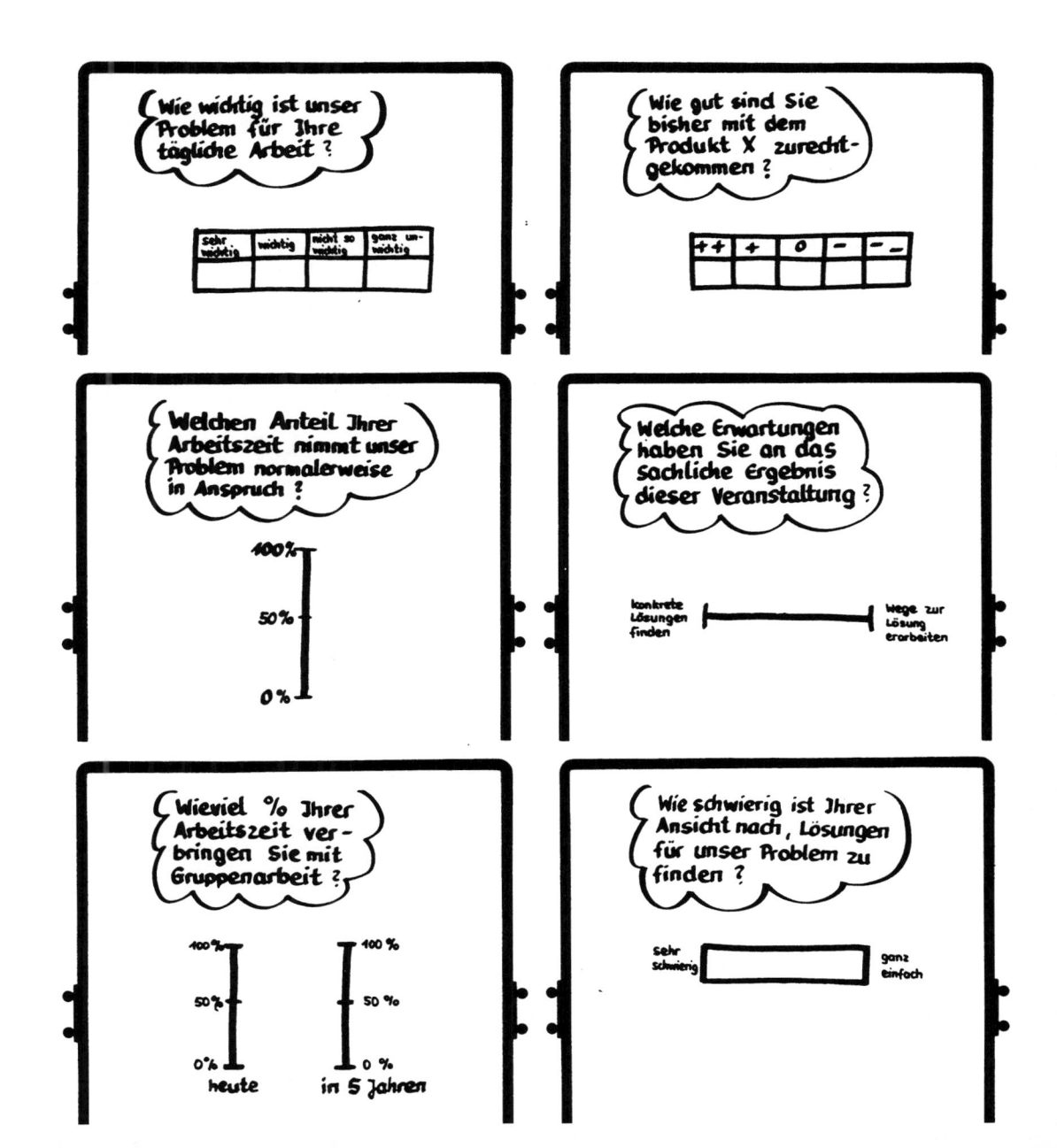

Wie wichtig ist unser Problem für Ihre tägliche Arbeit?

sehr wichtig	wichtig	nicht so wichtig	ganz unwichtig

Wie gut sind Sie bisher mit dem Produkt X zurechtgekommen?

++	+	0	–	– –

Welchen Anteil Ihrer Arbeitszeit nimmt unser Problem normalerweise in Anspruch?

100% – 50% – 0%

Welche Erwartungen haben Sie an das sachliche Ergebnis dieser Veranstaltung?

konkrete Lösungen finden ⟵——⟶ Wege zur Lösung erarbeiten

Wieviel % Ihrer Arbeitszeit verbringen Sie mit Gruppenarbeit?

100% – 50% – 0% heute   100% – 50% – 0% in 5 Jahren

Wie schwierig ist Ihrer Ansicht nach, Lösungen für unser Problem zu finden?

sehr schwierig ⟵——⟶ ganz einfach

b) Methoden der Problemsammlung

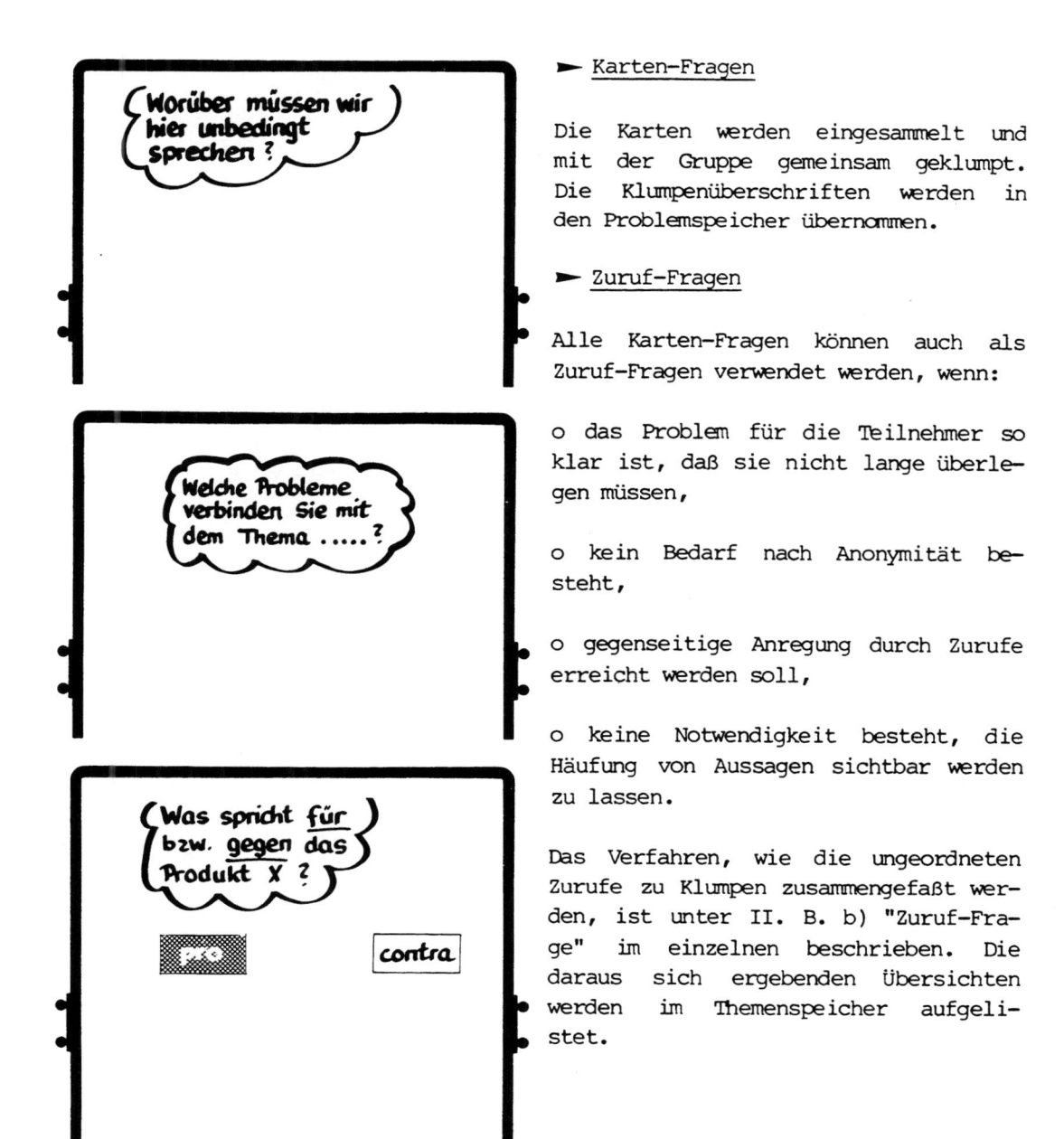

▶ Karten-Fragen

Worüber müssen wir hier unbedingt sprechen?

Die Karten werden eingesammelt und mit der Gruppe gemeinsam geklumpt. Die Klumpenüberschriften werden in den Problemspeicher übernommen.

▶ Zuruf-Fragen

Welche Probleme verbinden Sie mit dem Thema .....?

Alle Karten-Fragen können auch als Zuruf-Fragen verwendet werden, wenn:

o das Problem für die Teilnehmer so klar ist, daß sie nicht lange überlegen müssen,

o kein Bedarf nach Anonymität besteht,

o gegenseitige Anregung durch Zurufe erreicht werden soll,

o keine Notwendigkeit besteht, die Häufung von Aussagen sichtbar werden zu lassen.

Was spricht für bzw. gegen das Produkt X?

pro   contra

Das Verfahren, wie die ungeordneten Zurufe zu Klumpen zusammengefaßt werden, ist unter II. B. b) "Zuruf-Frage" im einzelnen beschrieben. Die daraus sich ergebenden Übersichten werden im Themenspeicher aufgelistet.

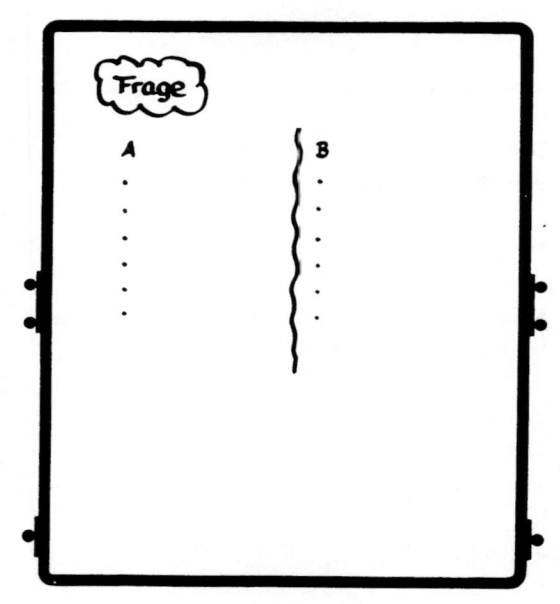

▶ Problemsammlung in Kleinstgruppen

Die Fragestellungen, die unter "Karten-Frage" aufgelistet wurden, können auch in Kleinstgruppen (Zweiergruppen) beantwortet werden. Den Gruppen wird dann nebenstehendes Scenario vorgestellt.

Die Gruppenarbeit sollte nicht länger als 20 Minuten dauern. Die Paare stellen anschließend ihr Ergebnis im Plenum vor. Die Ergebnisse werden im Themenspeicher gesammelt, wobei solche Themen, die in mehreren Kleinstgruppen vorkommen, nur einmal aufgenommen werden.

c) Erstellen eines Themen- oder Problemspeichers

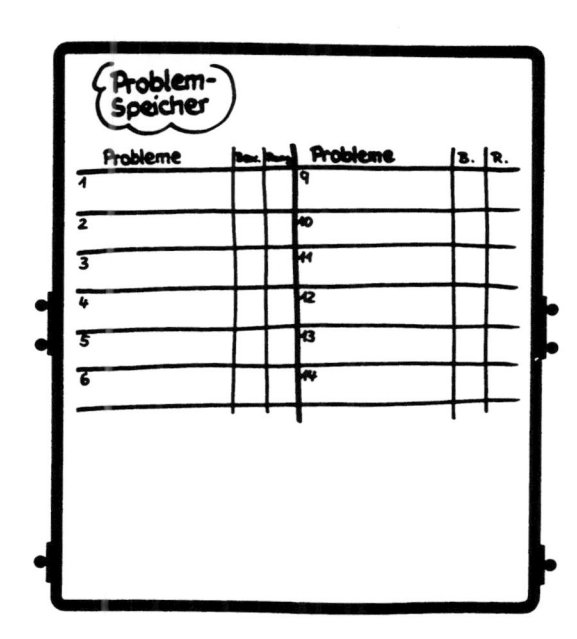

Die durch eine Karten-, Zuruf- oder Kleinstgruppen-Frage (siehe unter b) "Methoden der Problemsammlung") gesammelten Probleme werden in einem Themen- oder Problemspeicher aufgelistet. Basiert der Speicher auf einer Karten- oder einer Zuruf-Frage, so werden die Klumpenüberschriften in den Speicher übernommen. Dabei können die Oberbegriffe durch zusätzliche Stichworte ergänzt und konkretisiert werden.

Es sollte darauf geachtet werden, daß

o die Oberbegriffe im Speicher nicht zu umfassend und abstrakt sind;

o die Tendenz, die in den Karten, Zurufen oder Kleinstgruppen deutlich geworden ist, auch in Formulierungen im Themenspeicher erhalten bleibt.

Der Themenspeicher wird vorher soweit vorbereitet, daß nur noch die Diskussionsergebnisse eingetragen werden müssen. Er hat 14 bis 16 Themenfelder. Der Linienabstand soll mindestens 18 Zentimeter betragen. Ein Themen- oder Problemspeicher sieht immer eine Spalte für die Punkt-Bewertung und eine Spalte für die Rangordnung vor. Die Themenfelder sind durchnumeriert.

d) Auswahl aus dem Themen- oder Problemspeicher (Bewertung)

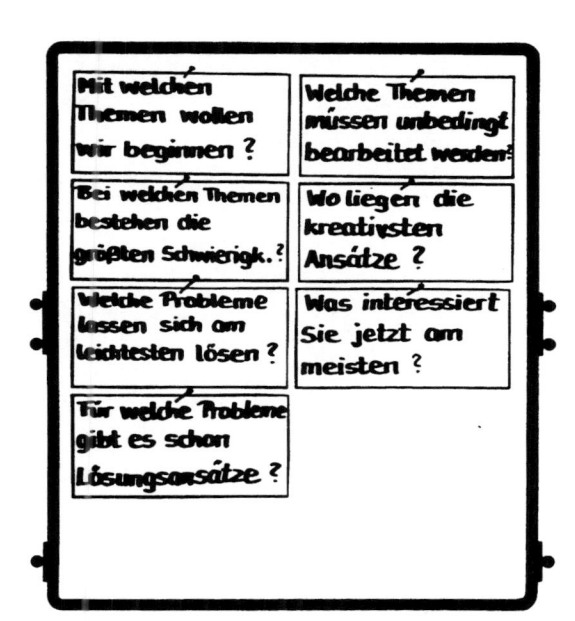

Mit welchen Themen wollen wir beginnen?	Welche Themen müssen unbedingt bearbeitet werden?
Bei welchen Themen bestehen die größten Schwierigk.?	Wo liegen die kreativsten Ansätze?
Welche Probleme lassen sich am leichtesten lösen?	Was interessiert Sie jetzt am meisten?
Für welche Probleme gibt es schon Lösungsansätze?	

Bei der Bewertung des Speichers müssen die Moderatoren klar und deutlich sagen, unter welchem Gesichtspunkt die Auswahl getroffen werden soll.

Der Bewertungsgesichtspunkt wird auf eine Karte geschrieben und für alle sichtbar auf das Plakat, das bewertet wird, gehängt.

e) Gewicht von Aussagen und Problemen

In manchen Fällen ist es für die Gruppe wichtig, zu wissen, welches Gewicht die Teilnehmer den einzelnen Problemen beimessen. In diesem Fall wird eine Gewichtung durch eine Mehr-Punkt-Frage durchgeführt (siehe II. B. d) "Frage-Antwort-Techniken, Beantwortung mit mehreren Punkten").

Die Gewichtungs-Gesichtspunkte können die gleichen sein wie bei der Auswahl aus dem Themen- oder Problemspeicher. Das Ergebnis ist hier aber wesentlich differenzierter als dort.

Auch hier ist darauf zu achten, daß der Gewichtungs-Gesichtspunkt allen Teilnehmern klar ist und auf das zu gewichtende Plakat geschrieben wird.

4. Problembearbeitung
a) Kleingruppenarbeit

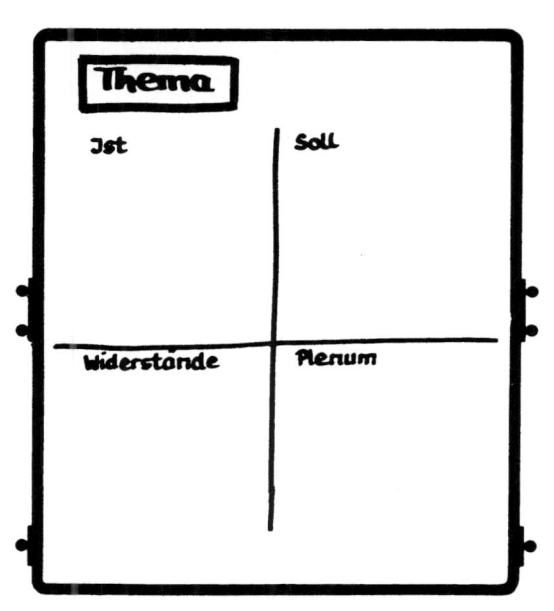

Für jede Kleingruppenarbeit muß eine klare Aufgabenstellung gegeben werden, die dem Ziel der Arbeitsphase entspricht, in der sich die Gruppe befindet. Die Arbeitsanweisung erfolgt über Scenarien, also über verschiedene Fragestellungen, die in der Kleingruppe bearbeitet werden sollen. Die Formulierung des Scenarios soll themenneutral erfolgen. Das Scenario muß für alle zur Auswahl stehenden Themen passen. Diese Einheitlichkeit erleichtert es später dem Plenum, sich in den Aussagen der Kleingruppe zurecht zu finden.

Jedes Kleingruppenscenario soll einen Raum für Reaktionen des Plenums vorsehen.

b) Regeln für die Kleingruppenarbeit

Die eigentliche Problembearbeitung erfolgt in der Moderation immer in Kleingruppen (siehe II. B. e) "Frage-Antwort-Techniken, Beantwortung in Klein- und Kleinstgruppen"). Eine Kleingruppe sollte nicht größer als fünf Teilnehmer sein. Bei mehr als fünf Teilnehmern besteht die Gefahr des Zerfalls in Untergruppen.

In dieser Phase ist das einzig sinnvolle Verfahren der Gruppenteilung die Gruppenbildung nach Interesse (vergleiche II. B. e)). Gruppenbildung nach dem Zufall oder anderen Kriterien verhindern die Identifikation der Teilnehmer mit dem von ihnen zu bearbeitenden Problem. Interessieren sich mehr als fünf Teilnehmer für ein Thema, so gibt es folgende Möglichkeiten:

o Bearbeitung eines Themas in mehreren parallelen Kleingruppen;

o Umorientierung einzelner Teilnehmer auf ein anderes Thema, das schwächer besetzt ist.

In jedem Fall sollte die Umstrukturierung der Kleingruppen-Zusammensetzung nur mit Zustimmung der betroffenen Teilnehmer erfolgen.

In der Phase der Problembearbeitung geht es darum, das Thema, das die Kleingruppe gewählt hat, nach allen Seiten auszuloten. Es kommt in dieser Phase noch nicht darauf an, zu einem Konsens in der Gruppe zu kommen, vielmehr soll die Meinungsvielfalt in der Gruppe zum Ausdruck kommen. Das "Ausdiskutieren" der unterschiedlichen Positionen kann dadurch vermieden werden, daß der Problempunkt mit einem Konfliktpfeil (⚡) versehen wird. Er dient dazu, später dem Plenum zu signalisieren, daß hier unterschiedliche Ansichten bestanden haben.

Wichtig ist, daß die Kleingruppen möglichst schnell ihre Diskussionspunkte auf das Plakat bringen. Dadurch wird verhindert, daß sich die Kleingruppe verzettelt oder festbeißt. Das Festhalten kann entweder durch Sammlung der Aussagen auf Karten durch jedes Gruppenmitglied erfolgen oder dadurch, daß ein Gruppenmitglied mitvisualisiert, was diskutiert wird.

Diese Rolle sollte nicht von einem Moderator übernommen werden, da viele Moderatoren dazu neigen, die Arbeit der Kleingruppe inhaltlich zu beeinflußen. Außerdem identifiziert sich eine Gruppe mit dem von ihr selbst visualisierten Ergebnis stärker.

In dieser Phase sollte eine Kleingruppenarbeit nicht länger als 30 Minuten dauern. Es besteht sonst die Gefahr, daß die Gruppe schon zu tief in die Diskussion einsteigt und das Plenum später den Anschluß verliert.

Die Mitglieder der Kleingruppe wählen zum Abschluß zwei Präsentatoren, die das Ergebnis der Kleingruppe im Plenum vorstellen.

c) Vorstellen der Kleingruppenergebnisse im Plenum

Die Kleingruppenergebnisse sollen durch zwei Mitglieder der Kleingruppe im Plenum vorgestellt werden. Dadurch wird erreicht, daß nicht einzelne Gruppenmitglieder zu sehr dominieren, daß die Gruppenleistung hinter dem Ergebnis sichtbar wird und daß die unterschiedlichen Aspekte der Diskussion auch in der Darstellung der Ergebnisse sichtbar bleiben.

Die Plenumsmitglieder werden aufgefordert, ihre Fragen, Kommentare, Widersprüche usw. auf ovale Kärtchen zu schreiben ("Schriftlich Diskutieren") und im Anschluß an die Vorstellung in den freien Raum auf dem Kleingruppenplakat zu hängen. Dadurch wird erreicht, daß der Vortrag nicht durch Zwischenfragen unterbrochen wird, ohne daß jedoch eine Äußerung verloren geht. Außerdem wird auf diese Weise sichergestellt, daß die Plenumskommentare für das Simultanprotokoll (II. 9. b)) erhalten bleiben.

Entzündet sich an dem einen oder anderen Punkt der Kleingruppenvorstellung eine Diskussion (zum Beispiel an einem Punkt, der schon von der Kleingruppe mit einem Konfliktpfeil versehen wurde), dann wird dieser Punkt nicht ausdiskutiert, sondern in den Themenspeicher aufgenommen, so daß er in der nächsten Diskussionsrunde mit zur Wahl steht. So werden ermüdende Plenumsdiskussionen vermieden, die sich an einem x-beliebigen Punkt entzünden.

Das gleiche gilt für den Fall, daß in dem Kleingruppenscenario "weiterführende Fragen" erarbeitet wurden. Auch diese müssen im Themenspeicher festgehalten werden.

5. Transparenzfragen

Transparenzfragen werden von den Moderatoren spontan gestellt, um die Gruppe entweder auf den Stand ihrer Diskussion auf der Sachebene oder auf ihre emotionale Situation hinzuweisen. Ihr Ziel ist es, durch das Sichtbarwerden der Gesprächssituation mögliche Blockaden ansprechbar zu machen und dadurch zu beseitigen.

Durch die Transparenzfrage wird vermieden, daß der Moderator Vermutungen über Ursachen von Spannungen und Blockaden macht und sich damit zum Richter über die Gruppe aufschwingt. Mit der Transparenzfrage gibt der Moderator der Gruppe ein Instrument an die Hand, mit dem sie selbst eine Klärung der Situation herbeiführen kann.

Blockaden können ihre Ursachen entweder in der sachlichen Diskussion haben - dann ist es meist die Unzufriedenheit über die Problembearbeitung oder die Lösungsvorschläge - oder sie können in der Stimmung der Einzelnen und der unbefriedigenden Kommunikationssituation liegen.

Durch die Transparenzfrage wird das gesamte Meinungsspektrum in der Gruppe sichtbar, das häufig erheblich von der Meinung der Wortführer abweicht. Dadurch, daß das Spektrum für alle erkennbar wird, können auch alle Teilnehmer an der Lösung der aktuellen Situation mitwirken und damit gemeinsame Verantwortung für die Gesprächssituation der Gruppe übernehmen.

a) Herstellen von Transparenz auf der Sachebene

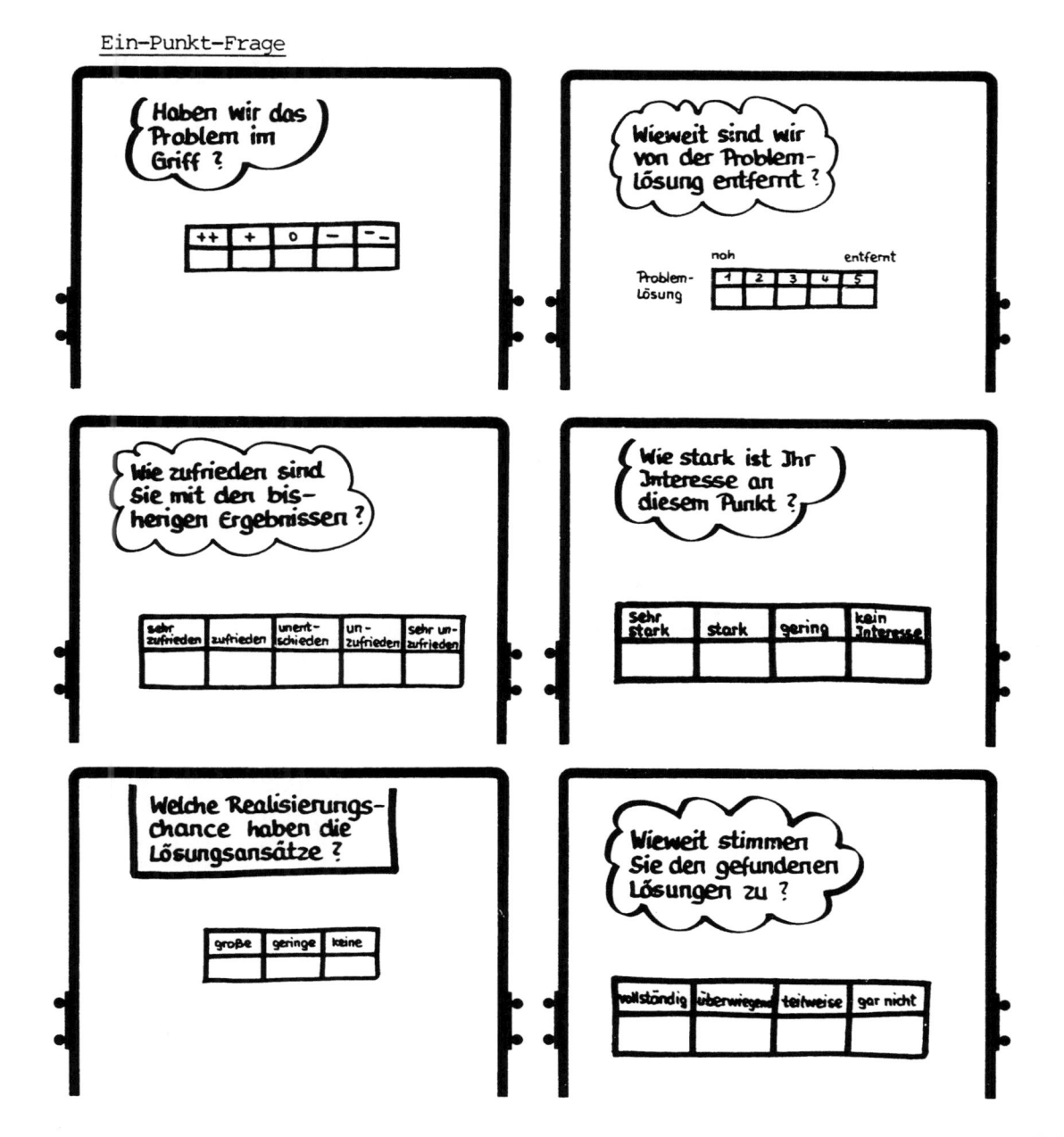

Ein-Punkt-Frage

Haben wir das Problem im Griff?

++	+	o	−	−−

Wieweit sind wir von der Problemlösung entfernt?

	nah				entfernt
Problemlösung	1	2	3	4	5

Wie zufrieden sind Sie mit den bisherigen Ergebnissen?

sehr zufrieden	zufrieden	unentschieden	unzufrieden	sehr unzufrieden

Wie stark ist Ihr Interesse an diesem Punkt?

sehr stark	stark	gering	kein Interesse

Welche Realisierungschance haben die Lösungsansätze?

große	geringe	keine

Wieweit stimmen Sie den gefundenen Lösungen zu?

vollständig	überwiegend	teilweise	gar nicht

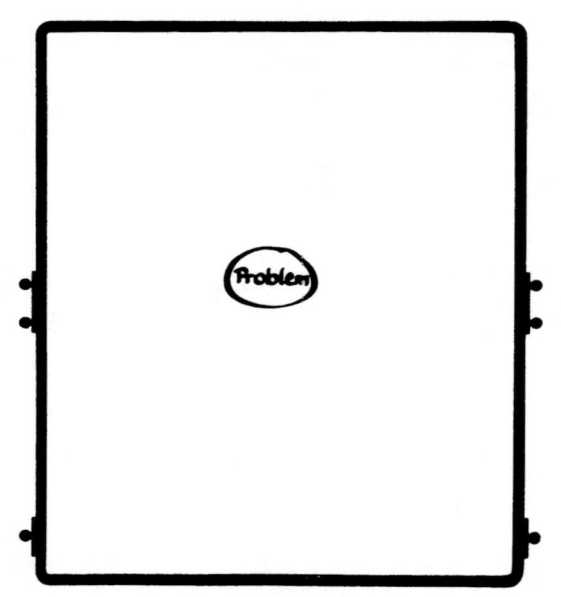

Die Teilnehmer werden aufgefordert, ihre Stellung zum Problem durch die Entfernung zum Problempunkt mit ihrem Klebepunkt auszudrücken.

(Eine Variante zu dieser Punkt-Frage besteht darin, daß in die Mitte des Raums ein Stuhl gestellt wird, der das Problem symbolisiert. Die Teilnehmer nehmen im Raum einen Standort ein, der ihre Nähe oder Entfernung zum Problem ausdrückt. Diese Variante ist weniger anonym als die Ein-Punkt-Frage und verlangt deshalb mehr Offenheit in der Gruppe.)

Karten-Frage

b) Herstellen von Transparenz auf der Beziehungsebene

Ein-Punkt-Fragen

Wie offen können wir hier miteinander reden?

offen |———————————| verdeckt

Wie zufrieden sind Sie mit der Gesprächsatmosphäre in der Gruppe?

sehr zufrieden	zufrieden	unentschieden	unzufrieden	sehr unzufrieden

Wie hoch schätzen Sie die Einigkeit in der Gruppe ein?

sehr hoch	hoch	ausreichend	gering	nicht vorhanden

Die Lustigkeit in der Gruppe empfinde ich als ...

eher gespannt |———————————| eher locker

Wie groß ist nach Ihrer Ansicht das Engagement in der Gruppe?

groß   gering

++	+	+/−	−	−−

Meine Stimmung ist in der letzten Stunde

gefallen ↓   ↑ gestiegen

Wenn Offenheit und Vertrauen in einer Gruppe besonders gering sind, dann kann die Ein-Punkt-Frage auch dadurch anonymisiert werden, daß jeder Teilnehmer sein + oder - auf eine Karte malt und diese Karten von den Moderatoren eingesammelt und ausgezählt werden. Das Ergebnis wird der Gruppe offengelegt.

► Blitzlicht

Das Blitzlicht gibt jedem Teilnehmer die Möglichkeit, in einem kurzen Beitrag seine Gefühle anzusprechen, die ihn in der gegenwärtigen Situation bewegen.

In einem Blitzlicht soll jeder Teilnehmer zu Wort kommen, ausgenommen, ein Teilnehmer lehnt ausdrücklich eine Stellungnahme ab. Die Reihenfolge kann sich nach der Sitzordnung richten, es kann aber auch jeweils derjenige das Wort ergreifen, der gerade sprechen möchte.

Wichtig zu beachten ist, daß es zu den Äußerungen der Gruppenmitglieder keine Antworten, Rechtfertigungen, Stellungnahmen und dergleichen gibt. Jede Äußerung wird von den anderen schweigend zur Kenntnis genommen. Darauf müssen die Moderatoren besonders in Konfliktsituationen achten. Diese Regel ist nur einzuhalten, wenn auch die zweite Regel von allen beachtet wird, daß nämlich jeder nur für sich und über sich spricht, über seine Gefühle in der gegenwärtigen Situation.

Da die Moderatoren Bestandteil der Gruppe sind, nehmen sie am Blitzlicht genauso teil wie die Gruppenmitglieder. Zusätzlich achten sie lediglich auf die Einhaltung der Spielregeln.

► Stellung beziehen

Die Teilnehmer verteilen sich im Raum so, wie sie Nähe oder Distanz zu den anderen Teilnehmern einnehmen möchten. Wenn alle Teilnehmer ihren Ort im Raum gefunden haben, hat jeder Teilnehmer Gelegenheit, seinen Ort - und damit seine Beziehung zu den anderen Teilnehmern - zu erläutern.

Dieses Spiel ist ein "räumliches Soziogramm". Es muß deshalb mit der gleichen Vorsicht angewendet werden, die auch für schriftliche Soziogramme gilt. Es erfordert von der Gruppe ein gewisses Maß an Offenheit und von den Moderatoren die Fähigkeit, auch mit Frustrationen einzelner Teilnehmer umzugehen.

c) Feedback-Fragen im Diskussionsprozeß

Feedback geben und nehmen hat eine wichtige Funktion in der Steuerung eines Diskussionsprozesses. Die Teilnehmer wollen voneinander wissen, wie sie den Fortgang der Diskussion einschätzen, was ihrer Meinung nach nicht gut oder nicht so gut läuft, wie sie sich in der Gruppe fühlen, wie sie einander erleben. Das ist auch eine interessante Information für die Moderatoren, die daran ihre moderatorischen Aktionen orientieren können.

In welchen Situationen ist Feedback sinnvoll?

o Morgens bei Beginn bringt eine Feedback-Frage Informationen über die Startbedingungen für den Tag. Die Antworten machen den Teilnehmern bewußt, was sie selbst zur Arbeitsatmosphäre beisteuern, wie unterschiedlich oder ähnlich ihre Gefühlslage ist. Beispiel: "Ihre Stimmung heute morgen?" (als Ein-Punkt-Frage mit Zurufergänzung).

o Als Einstiegsfrage in den Nachmittag hat die Feedback-Frage eine ähnliche Funktion wie am Morgen. Es kann daran noch einmal das Nachmittagsprogramm korrigiert oder ergänzt werden.

o Als Abschluß des Tagesprogramms kann eine Feedback-Frage den Teilnehmern bewußt machen, wie der Tag gelaufen ist.
Beispiel (als Kleinstgruppenscenario):

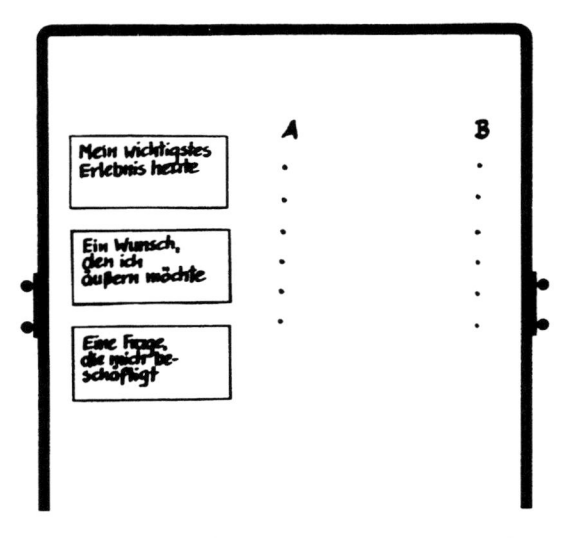

o Am Abend als Anregung zur Vertiefung persönlicher Gespräche. Beispiel (als Blitzlichtfragen):
- Wie fühle ich mich jetzt?
- Was möchte ich der Gruppe oder einem bestimmten Teilnehmer noch sagen?

o Zum Abschluß der Veranstaltung bringt die Feedback-Frage noch einmal einen Rückblick auf den gesamten Prozeß. Die Teilnehmer und die Moderatoren können sich bewußt machen, was sie erlebt haben. Beispiel (als Kartenabfrage):
- Was hat mir gefallen?
- Was hat mir nicht gefallen?

Bei allen Feedback-Stellungnahmen ist es wichtig, daß die Moderatoren auf die Grundregeln des Feedback-Gebens und -Nehmens hinweisen:

- verwende "ich" statt "man",
- keine Rechtfertigungen,
- keine Kommentare zu den Aussagen anderer,
- wenn Du Feedback erhältst, höre ruhig zu und antworte nicht.

6. Kreativitätserweiterung

Kreativität heißt, vorhandene Denk- und Verhaltensstrukturen zu durchbrechen, um dadurch zu neuen Lösungen zu kommen.

In einer moderierten Veranstaltung passiert es gelegentlich, daß die Diskussion festgefahren ist oder sich im Kreise dreht. Die Blockade kann dann sowohl auf der Inhaltsebene als auch auf der Kommunikationsebene liegen. Häufig wird der Mangel an Kreativität von der Gruppe im Anschluß an eine Transparenzfrage über die Gesprächssituation selbst erkannt.

In dieser Situation können die Moderatoren entweder Übungen anbieten, die der Gruppe unabhängig von ihrem Thema zu einer kreativen Stimmung verhelfen, sie können aber auch eine themenorientierte Kreativitätsübung vorschlagen. Die im folgenden beschriebenen Methoden sind spezielle Moderationstechniken zur Kreativität. Es können aber auch andere Übungen angewendet werden, die in der Literatur beschrieben sind. s.S. 263ff

a) Utopiespiel

Die Moderatoren formulieren ein Thema, das es den Teilnehmern erlaubt, zu "spinnen". Das Thema soll

o weit in die Zukunft reichen, um die Phantasie von Zwängen der Gegenwart frei zu machen.

o Es soll positiv formuliert sein, also "Verkehr im Jahr 2000" und nicht "Beseitigung der Verkehrsbeschränkungen".

o Es soll emotional besetzt sein, so daß die Phantasievorstellungen auch gefühlsmäßig erfahren werden können.

o Es soll in einem losen Zusammenhang mit dem Thema der Gruppe stehen.

Die Teilnehmer teilen sich in Kleingruppen nach dem Sympathieprinzip (vergleiche II. B. e)) und schaffen sich eine angenehme Arbeitsatmosphäre (durch Tafeln abgeschlossene Arbeitssituation, Getränke, Musik usw.).

Die Gruppenmitglieder beginnen, frei nach Assoziation alles zu sagen, was ihnen zu dem Thema einfällt. Ein oder zwei Gruppenmitglieder visualisieren gleichzeitig die Ideen mit. Wie beim Brainstorming (siehe II. C. 6. b)) soll keine Aussage unterdrückt werden, sondern jede Aussage in neue Assoziationen umgesetzt werden.

Die Kleingruppenergebnisse werden im Plenum vorgestellt. Anschließend werden die besten, zündensten, lustigsten Ergebnisse auf allen Plakaten von allen Teilnehmern mit Klebepunkten bewertet.

Die höchstbewerteten Ideen werden in einer Liste zusammengestellt, die folgendermaßen aussieht:

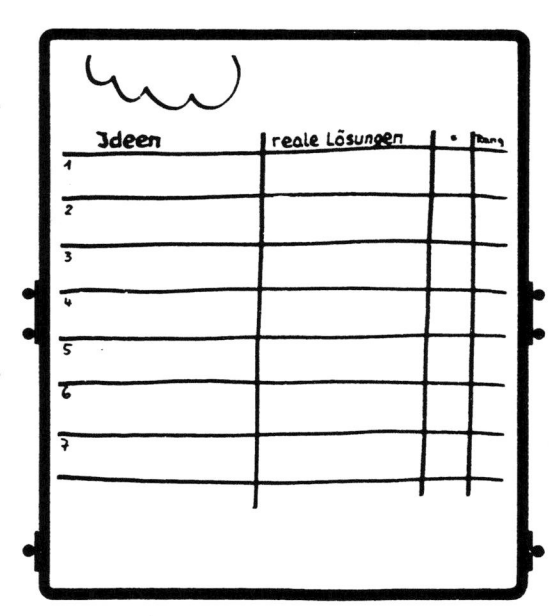

Ideen	reale Lösungen		
1			
2			
3			
4			
5			
6			
7			

Die Ideen werden nun gemeinsam mit den Teilnehmern in den realen Zusammenhang "übersetzt", etwa mit der Fragestellung: "Welchen Lösungsansatz bietet uns diese Idee für unser Problem?".

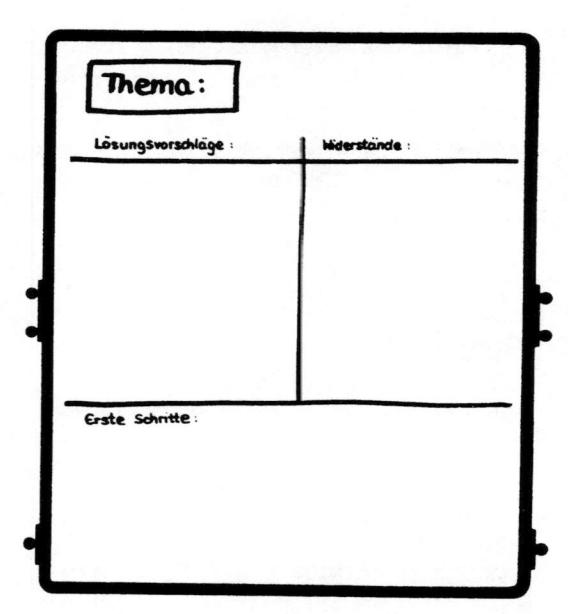

```
┌─────────────────────────┐
│ ┌────────┐              │
│ │ Thema: │              │
│ └────────┘              │
│ Lösungsvorschläge: │ Widerstände: │
│                   │              │
│                   │              │
│                   │              │
│                   │              │
│ Erste Schritte:              │
│                              │
└─────────────────────────┘
```

Anschließend werden wiederum die besten Lösungsansätze bewertet und zu Kleingruppenthemen formuliert. Für die Kleingruppen gilt nebenstehendes Scenario:

Die Kleingruppen-Ergebnisse werden wieder im Plenum vorgestellt und die "ersten Schritte" in einer Liste erfaßt s.S. 132ff).

b) Brainwriting

Dies ist eine Abwandlung des Brainstorming mit den Hilfsmitteln der Moderationstechnik.

Zur Vorgehensweise siehe II. B. 2. c) S. 57f.

Wichtig ist auch hier, für eine kreative Stimmung zu sorgen. Gegebenenfalls lohnt es sich, eine der üblichen Kreativitätsübungen vorzuschalten, um die Teilnehmer aus einer festgefahrenen Gesprächssituation herauszuholen.

7. Konfliktbearbeitung
a) Pro- und Contraspiel

Zu jeder Meinungsseite melden sich zwei bis drei Teilnehmer, die sich einander gegenüber setzen. Sie tauschen in schneller Reihenfolge Argumente aus, die ihre jeweilige Meinung unterstützen. Dabei sind kurze Beiträge (nicht mehr als 15 Sekunden) mit pointierten Aussagen erwünscht, die bis zu Verbalinjurien gehen können. Die übrigen Teilnehmer können ihre Vertreter mit Zurufen unterstützen.

Die Moderatoren schreiben auf getrennten Tafeln die Pro- und Contra-Aussagen mit.

Nach drei bis fünf Minuten tauschen die Kontrahenten die Plätze und vertreten nun die gegenteilige Meinung. Auch diese Aussagen werden mitvisualisiert. Wenn alle Argumenten genannt sind, wird das Spiel abgebrochen. Jeder Teilnehmer erhält Klebepunkte und kann nun die besten Argumente aus der Pro- und der Contraliste bewerten. Die höchstbewerteten Argumente werden zu Themengruppen zusammengefaßt. In den Themengruppen sollen sowohl Pro- als auch Contraargumente enthalten sein.

Zu den Themengruppen werden Kleingruppen gebildet, in denen die Argumente weiter diskutiert werden und in denen nach Lösungsmöglichkeiten gesucht wird.

b) Konsensbildung

Diese Methode ist dann zu empfehlen, wenn eine Gruppe vollständig hinter einer Lösung stehen muß, wenn also Mehrheitsentscheidungen für eine Problemlösung nicht ausreichend sind.

Zu beachten ist, daß im Zuge des Konsens-Bildungs-Prozesses in der Regel extreme Alternativen ausgeschieden werden, daß also selten sehr kreative Lösungen herauskommen. Dafür werden dann die erarbeiteten Ergebnisse von allen Gruppenmitgliedern getragen.

Die Gruppe wird in Zweiergruppen aufgeteilt, die jeweils eine Lösung zu dem aufgeworfenen Problem erarbeiten. Im Anschluß finden sich je zwei Zweiergruppen zu einer Vierergruppe zusammen. Diese neuen Gruppen erarbeiten auf der Basis der je zwei

2er-Gruppen

4er-Gruppen

8er-Gruppen

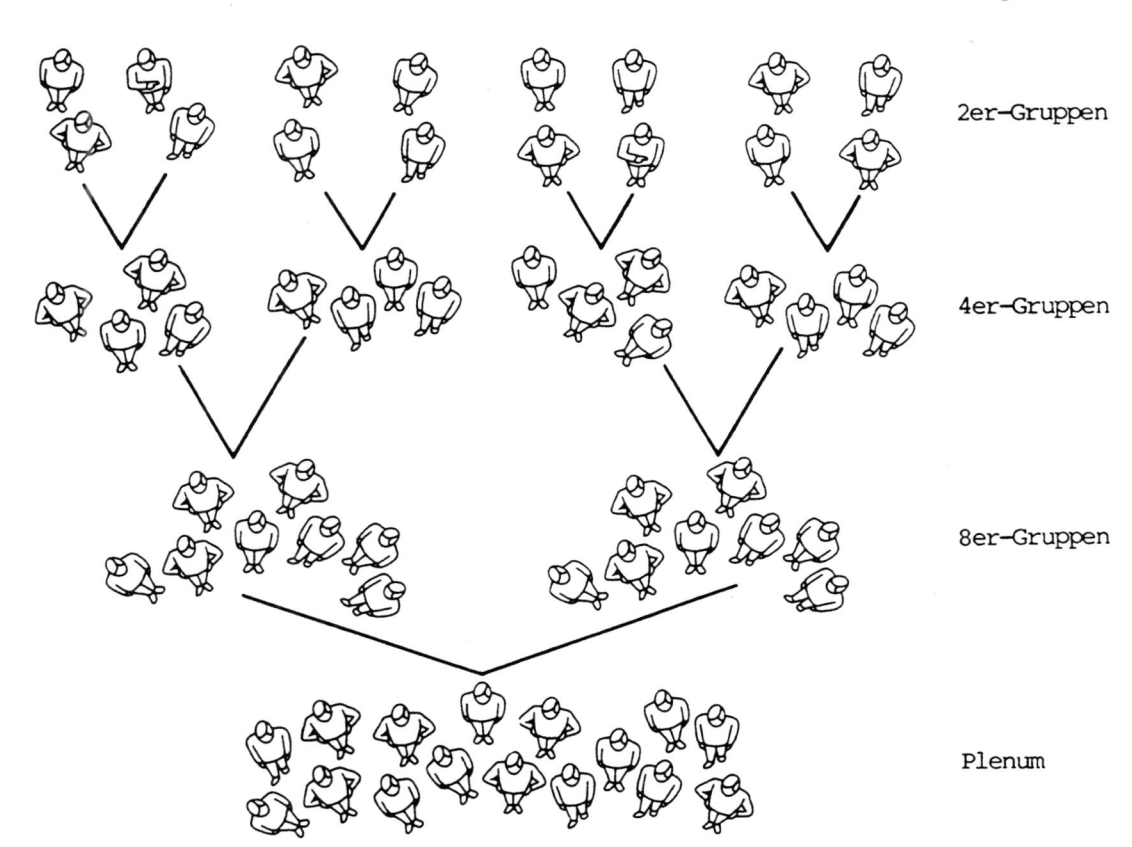

Plenum

Zweiergruppen wieder eine Lösung. Die Vierergruppen bilden dann Achtergruppen usw. bis das Plenum wieder vollständig ist.

Wichtigstes Prinzip ist, daß in keiner Phase jemand überstimmt werden darf; deshalb keine Zeitbegrenzung vorgeben.

Dierichs u.a., Workbook, Methode 3.2.15, s.S. 263ff

c) Kommunikationsübungen zur Bearbeitung von Konfliktsituationen

▶ Wahrnehmen - Vermuten - Bewerten

Häufig werden Konfliktsituationen dadurch verschärft, daß die Teilnehmer nicht deutlich machen, was sie aneinander wahrnehmen, sondern mit Vermutungen und Unterstellungen operieren, die sie gleichzeitig ausgesprochen oder unausgesprochen mit bestimmten Bewertungen versehen. Es ist für eine Gruppe hilfreich, diese Ebenen voneinander trennen zu lernen und in der weiteren Kommunikation immer deutlich zu machen, ob es sich bei der Aussage um eine Wahrnehmung (eine beobachtbare Handlung), eine Vermutung oder eine Bewertung handelt.

Die Teilnehmer bilden Zweiergruppen und setzen sich einander gegenüber. Sie sagen sich gegenseitig abwechselnd, was sie aneinander wahrnehmen und finden zu jeder Wahrnehmung drei Vermutungen, die sie mit entsprechenden Bewertungen versehen.

Beispiel: A zu B: "Ich nehme wahr, daß Sie eine Krawatte tragen. Ich vermute erstens, daß Sie konventionelle Kleidung bevorzugen und das finde ich reaktionär; ich vermute zweitens, daß Sie keine anderen Hemden da haben und das ist sicher unbequem für Sie; ich vermute drittens, daß Ihnen die Krawatte gut gefällt und mir gefällt sie auch." B nimmt nicht Stellung zu den Aussagen von A, sondern äußert nun seinerseits Wahrnehmungen, Vermutungen und Bewertungen.

Anschließend werden im Plenum die Erfahrungen mit dieser Übung ausgetauscht und es werden Kommunikationsregeln für die Besprechung von Konfliktsituationen vereinbart.

▶ Ich - Du - Er

Häufig entstehen Konfliktsituationen daraus, daß Gruppenmitglieder bei sich positiv bewerten, was sie an anderen kritisieren. Zur Offenlegung dieses Vorgehens dient diese Übung.

Die Teilnehmer werden aufgefordert, ein bestimmtes Verhalten als Ich-Aussage auf eine gelbe Karte, als Du-Aussage (also wie sie sie Anwesenden gegenüber formulieren würden) auf eine rote Karte und als Er-Aussagen (also von Abwesenden) auf eine grüne Karte zu schreiben. Beispiel: "Ich bin lustig" - "Du bist albern" - "Er ist blöd"; oder: "Ich bin korrekt" - "Du bist kleinlich" - "Er ist ein Korinthenkacker".

Die Karten werden auf einer Tafel so aufgehängt, daß horizontal die zusammengehörenden Karten der verschiedenen Kartenfarben hängen und vertikal die Karten einer Farbe einen Block bilden. Es kann nun mit der Gruppe gemeinsam herausgefunden werden, welche Formulierungen typisch sind für die verschiedenen Aussageebenen.

Diese Übung führt meist dazu, daß sich die Teilnehmer im folgenden gegenseitig darauf aufmerksam machen, auf welcher Sprachebene sie sich gerade befinden.

▶ Aktives Zuhören

Viele Konfliktgespräche leiden darunter, daß die Beteiligten die gegenseitig vorgebrachten Argumente nicht mehr aufnehmen, sondern nur noch ihre eigene Argumentenkette weiterspinnen. Dadurch kann auf der Sachebene kein gemeinsamer Lösungsansatz gefunden werden, und auf der Beziehungsebene wachsen Frustration und Ärger. Diese Kommunikationsstruktur kann durch die folgende Übung sichtbar und bearbeitbar gemacht werden.

Die Teilnehmer bilden Dreiergruppen. A und B reden miteinander über ein Thema, beispielsweise darüber, wie sie die letzte halbe Stunde in der Gruppe erlebt haben. Dabei antwortet B auf A erst, wenn er die Aussagen von B sinngemäß in eigenen Worten wiederholt hat und A ihm bestätigt hat, daß er sich richtig verstanden fühlt. A antwortet auf B in gleicher Weise. C achtet dabei darauf, daß A und B die Spielregeln des Wiederholens einhalten. Während dieser Übungssituation sollte jeder einmal die Rolle des Gesprächsbeobachters übernehmen.

Diese Übung ist besonders in akuten Konfliktsituationen sehr anstrengend und erfordert von den Teilnehmern ein hohes Maß an Konzentration und Selbstdisziplin. Sie sollte deshalb nicht zu lange ausgedehnt werden.

Im Anschluß an die Gruppenübung werden die Erfahrungen im Plenum ausgetauscht. Hierbei stellt sich häufig heraus, daß Beiträge in Konfliktsituationen nur dann aktiv aufgenommen werden können, wenn sie kurz sind und jeweils nur ein Argument enthalten, auf das der andere dann eingehen kann. Diese Erfahrung, wie auch die Erkenntnis, daß ich dem anderen nur sinnvoll antworten kann, wenn ich sicher bin, daß ich ihn richtig verstanden habe, sollten die Moderatoren während der weiteren Arbeit im Bedarfsfall wieder ansprechen.

Schwäbisch/Siems, Anleitung zum sozialen Lernen S. 111ff
s.S. 263ff

▶ Ich statt man

Viele Teilnehmer entziehen sich der Verantwortung für ihre Aussagen dadurch, daß sie sie als "man-Aussagen" formulieren. Dabei bleibt dann offen, ob sie sich selbst, andere Anwesende oder eine unbestimmte Gruppe von Personen meinen. Konflikte können aber nur ausgetragen werden, wenn jeder Beteiligte klar ausdrückt, ob er eine eigene Erfahrung auf andere verallgemeinert oder ob sich seine Aussage gerade auf ihn selbst bezieht.

Es empfiehlt sich deshalb, als Kommunikationsregel den Vorschlag einzuführen, das Wort "man" generell zu vermeiden. Da diese Gewohnheit bei den meisten Menschen sehr tief sitzt, sollten die Moderatoren und die Gruppenmitglieder immer wieder nachfragen, wer mit "man" gemeint ist.

▶ Störungen haben Vorrang

Störungen auf der emotionalen oder auf der atmosphärischen Ebene haben in Gruppen Vordergrundcharakter, sie schieben sich in Wahrnehmung und Beanspruchung der Aufmerksamkeit in den Vordergrund. Dies können Gefühle des Ärgers über Störungen der Kommunikation, es können aber auch Ablenkungen durch Unruhe, schlechte Luft, unangenehme Raumtemperatur oder ähnliches sein, die das Wohlbefinden beeinflußen.

Die Konzentration auf die Sachebene kann erst wieder hergestellt werden, wenn diese Störungen angesprochen und womöglich beseitigt sind. Der Versuch, sie beiseite zu schieben ("Das gehört doch hier nicht her!") führt zu einem Absinken der sachlichen Leistungsfähigkeit der Gruppe.

Innerhalb der Moderation hat es sich bewährt, mit der Gruppe zu vereinbaren, daß "Störungen Vorrang haben". Fühlt sich einer der Teilnehmer in der beschriebenen Weise gestört, dann zeigt er das durch Aufheben einer Karte an.

Dieses Signal unterbricht die Sachdiskussion, und der betroffene Teilnehmer formuliert sein Unbehagen. Ist die Störung beseitigt oder das Unbehagen ausreichend angesprochen, kann die unterbrochene Arbeit wieder aufgenommen werden.

Nach Ruth Cohn, s.S. 263ff

► Blitzlicht

In vielen Konfliktsituationen innerhalb einer Gruppe ist es notwendig, daß die Gruppe nicht nur die Äußerungen der Hauptkonkurrenten zur Kenntnis nimmt, sondern daß jedes Gruppenmitglied die Möglichkeit hat, zu der Situation Stellung zu nehmen. Während dies auf der Sachebene mit Hilfe einer Kartenfrage oder einer Kleingruppenarbeit gelöst werden kann, ist es auf der emotionalen Ebene notwendig, daß jeder seine eigenen Gefühle vor der Gruppe in der Form äußern kann, die ihm angemessen scheint. Für die Gruppe ist es dabei wichtig, nicht nur den Inhalt einer Botschaft, sondern die Wortwahl, den Tonfall, die Gestik usw. ebenfalls wahrzunehmen.

Um jedem die Möglichkeit zu geben, seine Gefühle und Erfahrungen in der Hier-und-Jetzt-Situation auszudrücken, wird ein Blitzlicht vorgeschlagen: Jeder Teilnehmer sagt, was er im Moment empfindet, welche Erfahrungen er gerade gemacht hat, was er der Gruppe jetzt mitteilen möchte. Die Beiträge können in der Reihenfolge erfolgen, in der die Gruppe sitzt, sie können aber auch ohne Absprache der Reihenfolge erfolgen. In diesem Fall einigen sich die Teilnehmer spontan, wer jetzt etwas sagen möchte. Wer sich nicht äußern möchte, sollte das sagen.

Zwei wichtige Regeln sind dabei zu beachten:

o Jeder spricht nur über sich, seine Erfahrungen, seine Wahrnehmungen. Dabei ist es besonders wichtig, die "Ich-statt-man-Regel" zu beachten.

o Auf die Äußerung eines Teilnehmers sollen keine Antworten oder Gegenäußerungen gemacht werden. Das ist eine Folge aus der ersten Regel, da jeder nur über sich spricht. Auch Verständnisfragen im Sinne eines aktiven Zuhörens sollen erst gestellt werden, wenn die Blitzlichtrunde abgeschlossen ist. Für die einzelnen Beiträge soll keine Zeitbeschränkung vorgegeben werden.

In der Auswertungsrunde können folgende Fragen behandelt werden:
- Welche Gefühle sind geäußert worden?
- Wie sind diese Gefühle in unserer Runde entstanden?
- Welche Möglichkeiten haben wir, mit diesen Gefühlen umzugehen?
- Welche Beiträge haben besonders überrascht?

Vopel, Interaktionsspiele, Teil 2, S. 30ff
s.S. 263ff

▶ Gruppenbild malen

Viele Konflikte werden durch verbale Diskussion eher zerredet als deutlicher wahrgenommen. In diesem Fall ist es sinnvoll, eine nonverbale Kommunikation vorzuschlagen. In moderierten Veranstaltungen bietet es sich an, dazu das Moderationsmaterial, das heißt Packpapier und farbige Filzstifte zu benutzen.

Ein oder zwei Packpapiere werden auf den Boden oder auf einem großen Tisch ausgebreitet. Jeder Teilnehmer sucht sich die Filzstifte aus, mit denen er malen möchte. Der Moderator fordert die Gruppe auf, sich um das Packpapier zu gruppieren und gemeinsam das Papier zu bemalen. Dabei soll nicht gesprochen werden. Das Bild ist fertig, wenn alle Teilnehmer aufgehört haben zu malen.

Anschließend wird das Bild für alle sichtbar aufgehängt. Gegebenenfalls muß es ab und zu gedreht werden, um für jeden seine Perspektive des Bildes wieder zu erkennbar zu machen.

In dem folgenden Gruppengespräch können folgende Fragen angesprochen werden:
- Was sagt das Bild über den Zustand der Gruppe aus?
- Wie ist der einzelne mit dem ihm zur Verfügung stehenden Raum umgegangen?
- Hat jeder "sein eigenes Bild" gemalt oder hat es beim Malen eine Kommunikation zwischen den Teilnehmern gegeben?
- Wie ist der einzelne damit umgegangen, wenn andere "in seinen Raum eingedrungen" sind?

d) Konfliktbearbeitung in Kleingruppen

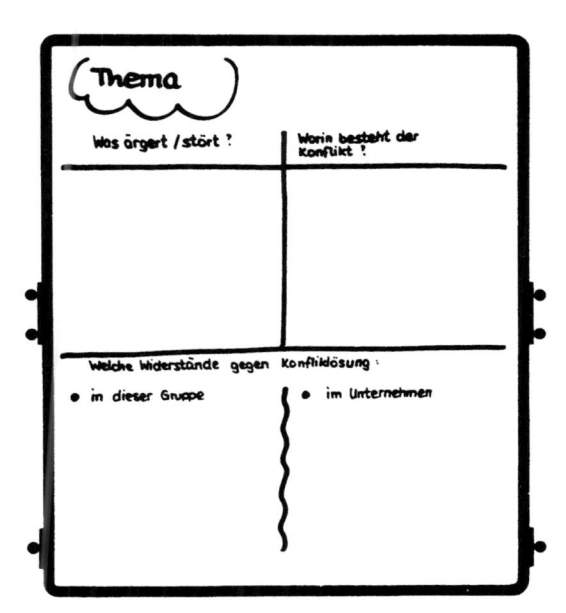

Sachkonflikte können am intensivsten in Kleingruppen bearbeitet werden. Dabei ist es sinnvoll, darauf zu achten, daß sich die Kontrahenten in einer Kleingruppe zusammenfinden, damit der Konflikt dort wirklich ausgetragen werden kann. Gegebenenfalls können die Moderatoren besonders spannungsreiche Kleingruppen moderieren und damit für ein gutes Kommunikationsklima sorgen.

8. Erarbeiten von Lösungsansätzen
a) Erstellen einer Problemlandschaft

Viele Problemzusammenhänge werden im Laufe einer Klausur so komplex, daß die Übersicht über die Schichten und Verzweigungen der Diskussion nur noch visuell vermittelt werden kann. Es empfiehlt sich deshalb, eine solche Gesamtschau der Problemaspekte, eben eine "Problemlandschaft" zu erarbeiten.

Dieses Zusammentragen der verschiedenen Problemsichten erfolgt nach einem assoziativen Verfahren, nicht nach logischen Gesichtspunkten. Eine Kleingruppe sichtet das gesamte visualisierte Arbeitsmaterial und legt die Plakate nach Zusammengehörigkeit aufeinander. Die daraus sich ergebenden Plakathaufen werden im Raum ausgebreitet. Die Gruppe diskutiert die verschiedenen Gesichtspunkte der Zuordnung dieser Themenkomplexe, legt sie in eine räumliche Zuordnung zueinander und findet passende Über- und Unterschriften zu den einzelnen Aspekten.

Ist so eine Grundstruktur erarbeitet, werden zu den einzelnen Hauptpunkten Zusatzplakate, die die wichtigsten Diskussionsergebnisse enthalten, angefertigt. Diese Zusatzplakate können entweder in die Problemlandschaft eingearbeitet oder als weitere Plakate beigefügt werden.

Diese Problemlandschaft dient nicht nur der Gruppe als Übersicht über den Stand der Diskussion, sondern sie kann auch zur Präsentation der Gruppenergebnisse herangezogen werden. Dazu ist es wichtig, daß die gesamte Teilnehmergruppe sich mit der Problemlandschaft identifizieren kann.

Wie alle Visualisierungen muß die Problemlandschaft nicht für sich alleine wirken, sondern sie ist Ergänzung einer verbalen Erläuterung.

Ein Beispiel für eine Problemlandschaft finden Sie auf der nächsten Seite.

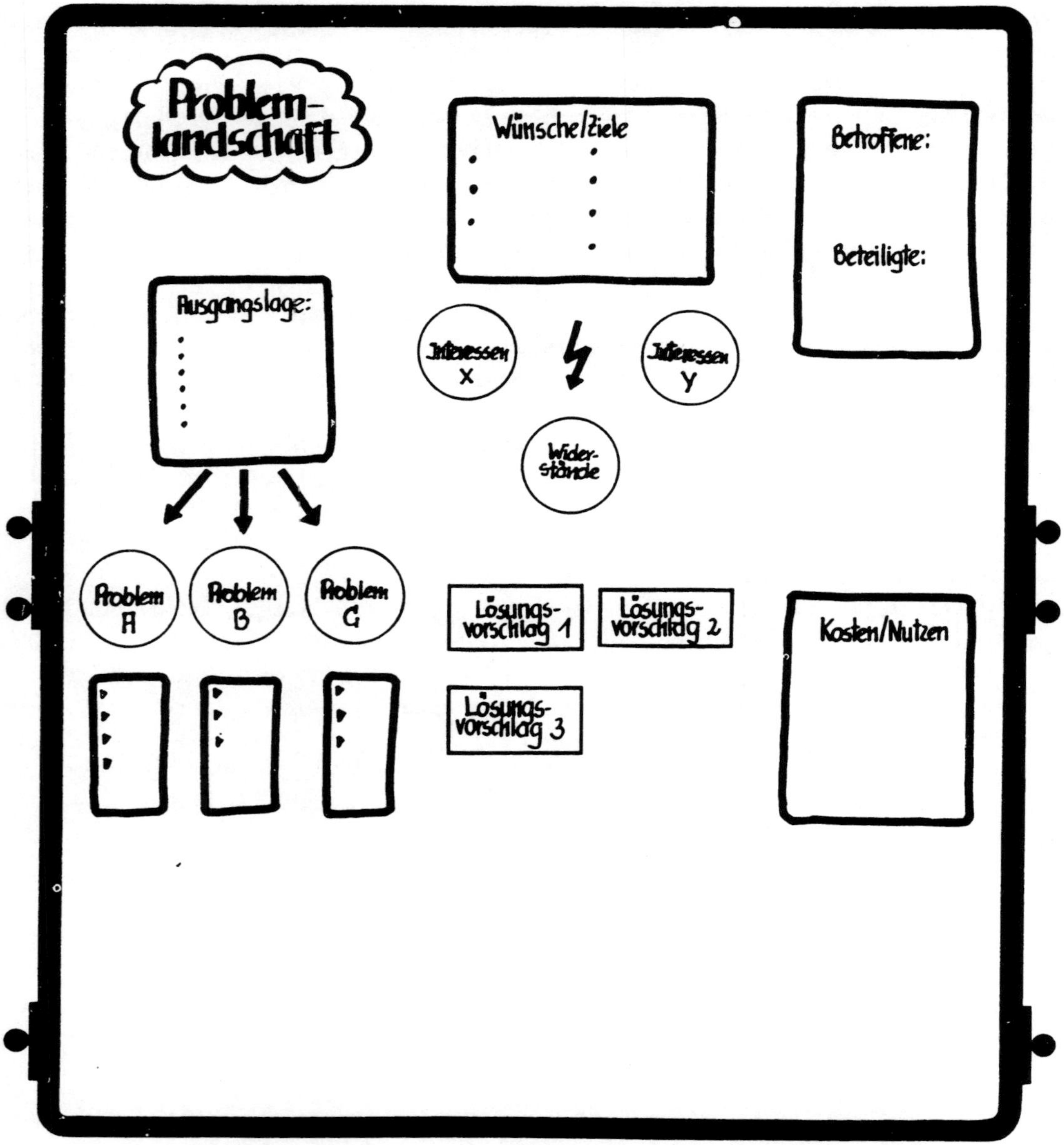
Problem-
landschaft
Wünsche/Ziele
Betroffene:
Beteiligte:
Ausgangslage:
Interessen
X
Interessen
Y
Wider-
stände
Problem
A
Problem
B
Problem
C
Lösungs-
vorschlag 1
Lösungs-
vorschlag 2
Lösungs-
vorschlag 3
Kosten/Nutzen

b) Kleingruppenscenarien

Beispiele für Problemlösungsscenarien:

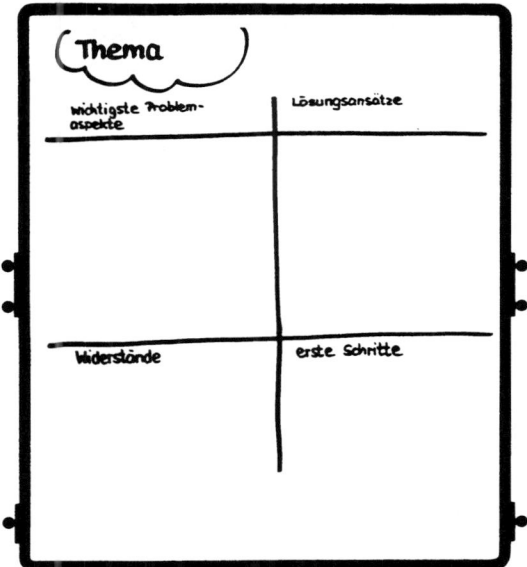

[Scenario 1: Thema — wichtigste Problemaspekte / Lösungsansätze / Widerstände / erste Schritte]

[Scenario 2: Thema — Hauptproblempunkte / Lösungsvorschläge / Tätigkeiten: was | wer | mit wem | bis wann]

Bei dem Erarbeiten von Lösungsansätzen in Kleingruppen muß das Kleingruppenscenario so aufgebaut sein, daß die Teilnehmer möglichst konkrete Lösungsvorschläge vorbereiten, die dann von der gesamten Gruppe in den Tätigkeitskatalog eingesetzt werden können.

Konkret heißt dabei:

o Der Zeithorizont der Realisierung soll maximal drei Monate betragen. Ist ein Lösungsvorschlag in dieser Zeit nicht zu realisieren, so muß der Vorschlag in einzelne Teiltätigkeiten aufgesplittet werden, die in einem überschaubaren Zeitraum durchgeführt werden können.

o Der Lösungsvorschlag soll innerhalb der Kompetenz der Gruppe liegen. Greift der Lösungsvorschlag über die Klausurgruppe hinaus, so müssen sich Gruppenmitglieder bereit finden, die anderen Personen "mit ins Boot" zu holen.

Darüber hinaus muß das Kleingruppenscenario so vorgegeben werden, daß nicht die gesamte Problemdiskussion von vorne beginnt. Ein Problemlösungsscenario hat deshalb nur Sinn, wenn ihm eine Problembearbeitungsphase in Kleingruppen voraus gegangen ist.

Thema

Hauptpunkte	Lösungsvorschläge
Widerstände	offene Fragen

Thema

Lösungsvorschläge	Betroffene	zu Beteiligende

Erste Schritte:

Thema

wichtigste Gesichtspunkte	vorhandene Lösungsansätze
Vorschläge für Tätigkeiten	Wer will sich beteiligen (Plenum)

c) Simultanprotokoll als Zwischenprotokoll

Gelegentlich entsteht bei Teilnehmern eine Verwirrung über die Fülle der entstandenen Plakate. Sie übersehen dann nicht mehr, was mit welchen Ergebnissen schon bearbeitet ist und was noch weiter verfolgt werden muß.

Das passiert besonders bei Großveranstaltungen, in denen eine große Zahl von Kleingruppen parallel arbeitet.

Hier empfiehlt es sich, am Abend jedes Tages ein Zwischenprotokoll zu erstellen. Das kann entweder dadurch passieren, daß die Plakate abgeschrieben und bis zum nächsten Morgen für die Teilnehmer vervielfältigt werden oder dadurch, daß die Plakate abends fotografiert, über Nacht entwickelt und vergrößert werden, so daß am nächsten Tag ein Protokoll für die Teilnehmer vorhanden ist, mit dem sie in den nächsten Kleingruppen weiterarbeiten können.

Technische Einzelheiten dazu siehe unter II. C. 9 b) "Simultanprotokoll als Abschlußprotokoll" (S. 143ff).

d) Zusammenfassen des Problemspeichers

Wenn der Problemspeicher sehr groß geworden ist, also mehr als 30 Punkte enthält, verlieren die Teilnehmer leicht den Überblick. Es ist dann sinnvoll, eine Kleingruppe damit zu beauftragen, den Problemspeicher zu sichten, zusammengehörige Punkte zusammenzufassen und zu vermerken,

o ob und in welcher Form das Problem schon bearbeitet worden ist;

o wieviele Punkte insgesamt in den verschiedenen Bewertungsgängen auf das Problem entfallen sind;

o welche Art von Ergebnissen zu dem Problem schon vorliegen;

Der zusammmengefaßte Problemspeicher wird anschließend dem Plenum vorgestellt, und ersetzt nunmehr - wenn er vom Plenum akzeptiert wird - alle bisherigen Problemsammlungen.

9. Umsetzen und Sichern der Ergebnisse
a) Aktivitäts- und Verhaltenskataloge

Für alle Problemklausuren ist das wichtigste Instrument für die Realisierung der Diskussionsergebnisse der Tätigkeitskatalog:

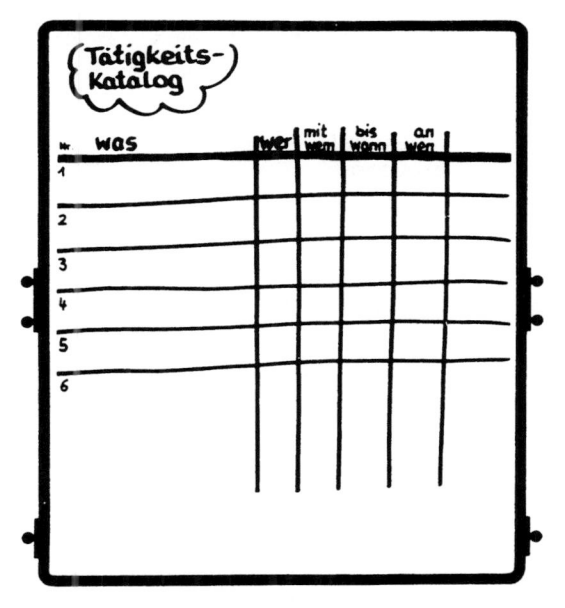

[Abbildung: Tätigkeitskatalog mit Spalten: was | wer | mit wem | bis wann | an wen]

Er sollte durch Kleingruppenarbeiten vorbereitet sein, damit die häufig sehr ermüdende Suche nach sinnvollen Folgeaktivitäten nicht in dem sehr schwerfälligen Plenum durchgeführt werden muß.

Bei der Erstellung des Tätigkeitskatalogs muß darauf geachtet werden, daß zu jeder Tätigkeit auch die dazugehörigen Spalten ausgefüllt werden. Findet sich niemand aus dem Teilnehmerkreis, der bereit ist, sich in die Wer-Spalte eintragen zu lassen, so wird die Tätigkeit wieder gestrichen.

Beim Ausfüllen der Bis-wann-Spalte zeigt sich häufig, ob die Tätigkeit konkret genug beschrieben ist, ob sie also in einem überschaubaren Zeitraum durchgeführt werden kann. Ein Tätigkeitskatalog, in dem diese beiden Fragen nicht ausreichend geklärt sind, hat selten Chancen, auch realisiert zu werden.

Stehen im Mittelpunkt einer Klausur nicht so sehr ein Sachergebnis, sondern Verhaltensweisen der Teilnehmer, so liegt der Lösungsvorschlag in bestimmten Verhaltensvereinbarungen, die die Teilnehmer miteinander treffen. Auch diese Verhaltensvereinbarungen werden in einem Katalog zusammengefaßt, der folgendermaßen aussehen kann: (siehe nächste Seite)

Die Erstellung des Verhaltenskatalogs wird dadurch vorbereitet, daß zunächst alle Regeln, die im Laufe der Klausur aufgestellt worden sind, auf einer Liste gesammelt werden. Jeder Teilnehmer erhält eine bestimmte Anzahl von Punkten und sucht die Verhaltensweisen heraus, die er für die Gruppen-Kommunikation für am wichtigsten hält. Die vier oder fünf wichtigsten Regeln werden in den linken Teil des Katalogs aufgenommen.

Anschließend fertigt jeder Teilnehmer für sich ein Plakat an, in das er den linken Teil des Gruppenkatalogs übernimmt und in dem er auf der rechten Seite einträgt, welche Verhaltensweisen er darüber hinaus für sich ausprobieren möchte. Diese Ergebnisse der Einzelarbeit können der Gruppe noch einmal vorgestellt werden, wenn das Vertrauensverhältnis in der Gruppe groß genug ist.

Es kann sich aber auch jeder Teilnehmer sein Plakat mit nach Hause nehmen, ohne daß es noch einmal vorgestellt wurde. In diesem Fall kann der individuelle Katalog auch auf ein DIN A 4-Blatt geschrieben werden.

Für die Moderatoren ist es wichtig, darauf zu achten, daß nicht zu viele Verhaltensweisen aufgenommen werden und daß die Selbstansprüche der Gruppe und jedes einzelnen nicht zu hoch sind. Nur dann haben sie Chancen, in Zukunft beachtet zu werden (kleine Brötchen backen!).

Dafür ist es auch wichtig, daß die Verhaltensvereinbarungen so konkret wie möglich formuliert sind. Also nicht: "In Zukunft toleranter miteinander umgehen" sondern "Ich-statt-man-Regel beachten".

b) Simultanprotokoll als Abschlußprotokoll

Das Protokoll einer moderierten Veranstaltung entsteht aus den Visualisaten, die dafür vorbereitet oder während der Klausur erarbeitet wurden. Da nur die diejenigen Äußerungen in einem Simultanprotokoll auftauchen, die sich auch auf Plakaten niedergeschlagen haben, ist es notwendig, darauf zu achten, daß alle von den Teilnehmern als wichtig erachteten Aussagen auch auf Plakaten festgehalten werden. Simultanprotokoll heißt dabei, daß das Protokoll im Laufe der Arbeit simultan mit dem Arbeitsprozeß entsteht und nicht anschließend aus der Erinnerung oder den Notizen einzelner zusammengestellt wird.

Trotzdem enthält ein Simultanprotokoll nicht einfach sämtliche Plakate der Klausur. Viele Plakate stellen lediglich Zwischenschritte dar, die im laufenden Prozeß wichtig sind, aber für das Abschlußergebnis keine Bedeutung mehr haben. Es ist deshalb immer notwendig, eine Auswahl zu treffen.

Das ist auch notwendig, um für das Protokoll einen lesbaren Umfang zu erreichen. (Während einer dreitägigen Klausur werden zirka 120 bis 150 Plakate beschrieben. Ein vollständiges Protokoll wäre schon deshalb kaum mehr überschaubar.) Die Auswahl sollte deshalb von allen Teilnehmern gemeinsam getroffen werden (was sehr mühsam ist) oder von einer repräsentativen Teilgruppe übernommen werden. Es sollte nicht den Moderatoren allein überlassen bleiben, welche Plakate in das Protokoll aufgenommen werden, da ihre Wertung für die Gruppe in der Regel nicht repräsentativ ist.

In einem Simultanprotokoll soll der visuelle Eindruck des Plakats möglichst genau wiedergegeben werden. Das ist wichtig, weil der Erinnerungseffekt eines Plakats häufig eher in in der visuellen Gestaltung als in den inhaltlichen Punkten liegt.

Grundsätzlich bieten sich zwei technische Möglichkeiten an:

1. Handschriftliches Abschreiben der ausgewählten Plakate;

2. Abfotografieren der ausgewählten Plakate.

1.1 Das Abschreiben kann schon während der Klausur erfolgen, z.B. indem abends die ausgewählten Plakate an Teilnehmer verteilt werden, die sie auf ein DIN A 4-Blatt abschreiben. Wenn ein Fotokopierer vorhanden ist, können die Blätter sofort kopiert werden und den Teilnehmern unmittelbar nach der Arbeit ausgehändigt werden.

Voraussetzung dafür ist, daß die Teilnehmer eine lesbare Handschrift haben und sich die Mühe machen, die visuelle Gestaltung möglichst präzise wiederzugeben. Der Vorteil liegt darin, daß das Protokoll sofort verfügbar ist, ein Nachteil ist, daß besonders am Anfang die Tendenz besteht, zu viele Plakate festzuhalten, so daß das Protokoll - aus der Sicht des letzten Tages - unnötig umfangreich und unübersichtlich wird.

1.2 Die ausgewählten Plakate werden im Anschluß an die Klausur abgeschrieben. Auch das sollte handschriftlich und nicht mit der Schreibmaschine erfolgen, damit der visuelle Eindruck möglichst unverfälscht erhalten bleibt. Das Protokoll kann dann anschließend an die Teilnehmer versandt werden und stellt dadurch eine Erinnerungsbrücke in die Praxis dar, die häufig für die Realisierung des Tätigkeitskatalogs hilfreich ist.

2.1 Abfotografieren mit Kleinbildkamera
Die ausgewählten Plakate werden mit einer Kleinbildkamera fotografiert. Dabei ist auf einen feinkörnigen Film mit guter Farbauflösung zu achten (orthochromatische Filme). Das Negativ wird auf DIN A 4 vergrößert und kann dann vervielfältigt werden. Der Vorteil liegt darin, daß jede Kleinbildkamera mit Stativ mit einem handelsüblichen Film verwendet werden kann. Der Nachteil ist darin zu sehen, daß sich erst nach dem Entwickeln herausstellt, ob die Aufnahme etwas geworden ist (wenn die Plakate meist schon vernichtet sind!).

2.2 Abfotografieren mit Polaroid
Die ausgewählten Plakate werden mit einer Großbildkamera fotografiert, die über ein Polaroidmagazin verfügt. Als Film wird ein Polaroid-Negativfilm verwendet. Das Negativ wird auf DIN A 4 vergrößert und anschließend vervielfältigt. Der Vorteil dieses Verfahrens liegt einmal in der guten Farbauflösung der Polaroidfilme, zum anderen in der Tatsache, daß die Qualität der Aufnahme sofort überprüft werden kann. Nachteilig ist vor allem der hohe technische - und damit kostenmäßige - Aufwand.

Für alle Simultanprotokolle gilt, daß sie nur für Teilnehmer verständlich sind. Außenstehende finden sich selten darin zurecht. Sollen Außenstehende mit Hilfe eines Protokolls informiert werden - besser ist eine Präsentation durch die Teilnehmer! - so wird ein eigenes Informationsprotokoll auf der Basis des Simultanprotokolls erstellt, das die notwendigen Erläuterungen enthält.

Auch für die Teilnehmer ist ein Simultanprotokoll leichter zu handhaben, wenn es gegliedert ist. Wir stellen deshalb an den Anfang eines Simultanprotokolls den tatsächlichen Ablaufplan dieser Klausur und vermerken dahinter jeweils die Seitenzahlen des Protokolls, die sich auf den jeweiligen Klausurpunkt beziehen.

10. Abschluß der Veranstaltung
a) Offene Fragen

Durch das ständige Herausfiltern der wichtigsten Probleme während des Moderations-Prozesses ist es unausbleiblich, daß für einzelne Mitglieder auch am Schluß noch wichtige Fragen unbeantwortet geblieben sind. Es kann sich dabei um Sachprobleme handeln, die immer wieder "weggepunktet" wurden, es kann sich auch um Verhaltens- oder Verfahrensfragen handeln, die für den einen oder anderen von Bedeutung sind.

Es ist wichtig, für diese Punkte am Schluß noch ein Ventil vorzusehen, eine Bearbeitungsform, die es wenigstens erlaubt, das Thema noch anzureißen und zu überlegen, wie damit umzugehen ist. Häufig tauchen an dieser Stelle auch Fragen zur ModerationsMethode auf, die ja selbst nicht Gegenstand einer Problemklausur ist.

Die einfachste Form ist, offene Fragen mit Hilfe einer Kartenfrage zusammenzustellen. Sie werden auf einem Plakat auf der linken Hälfte gesammelt und sortiert. Die rechte Hälfte bleibt zunächst frei. Sie dient dazu, die Antworten, die sich bei der Behandlung der Fragen in der Gruppe ergeben, mitzuvisualisieren. Diese Antworten können auch darin bestehen, festzulegen, wie die aufgeworfene Frage außerhalb der Klausur weiterbehandelt werden kann. Schließlich können sich auch noch ergänzende Eintragungen in den Tätigkeitskatalog ergeben.

Das Plakat für die "Offenen Fragen" sieht so aus:

b) Abschlußblitzlicht

Die Regeln für das Abschlußblitzlicht sind die gleichen wie für jedes andere Blitzlicht auch (vergleiche II. C. 7. b)). Hier sollte jedem Teilnehmer die Möglichkeit gegeben werden, noch einmal das auszudrücken, was ihn in dieser Endphase bewegt. Gerade hier ist es wichtig, sich genügend Zeit zu lassen, keine Zeitbegrenzungen vorzugeben und im Anschluß an das Blitzlicht die Möglichkeit zu haben, die im Blitzlicht angesprochenen Gefühle und Erfahrungen auszutauschen

c) Ein-Punkt-Frage

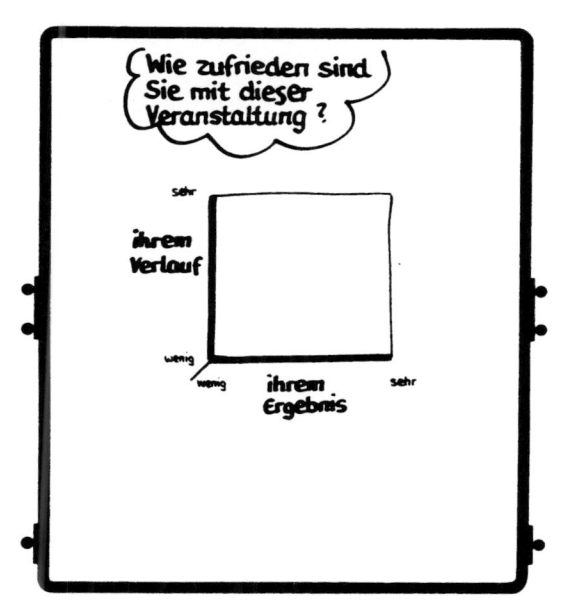

Für jede moderierte Veranstaltung – auch für kürzere Konferenzmoderationen – ist die nebenstehende Frage geeignet:

11. Folgeaktivitäten

Je nach Komplexität der Problemstellung ist das Problem eventuell nicht mit einer Veranstaltung bereits erschöpfend behandelt bzw. gelöst. In solchen Fällen wird es notwendig sein, bereits in der letzten Klausurphase die Folgeaktivitäten zu initiieren. Das kann zum Beispiel die Bildung einer Projektgruppe oder eines Planungsteams sein.

Wenn Derartiges erforderlich ist zur langfristigen Beseitigung von Problemen, dann hat es sich als notwendig erwiesen, für mittel- und langfristige (strategische) Planungsprozesse außerhalb zur normalen Organisationsstruktur eine Planungsstruktur für die Dauer der Planung aufzubauen. In der Regel handelt es sich bei solchen Prozessen ja um bereichsüberschreitende (Organisations-Struktur-übergreifende) Planungsfelder, die auch dem Planungsfeld entsprechende (Planungs-)Instanzen erforderlich machen. Als hilfreiche Planungsinstanzen haben sich drei Ebenen bewährt:

o Das Planungsteam sollte aus Mitarbeitern der operationalen Ebene zusammengesetzt sein. Eventuell unterstützt von Personen, die die Planungsmethodik einbringen können (Absicherung der Mitarbeit im Team).

Linienorganisation · **Planungsinstanzen** · Externe

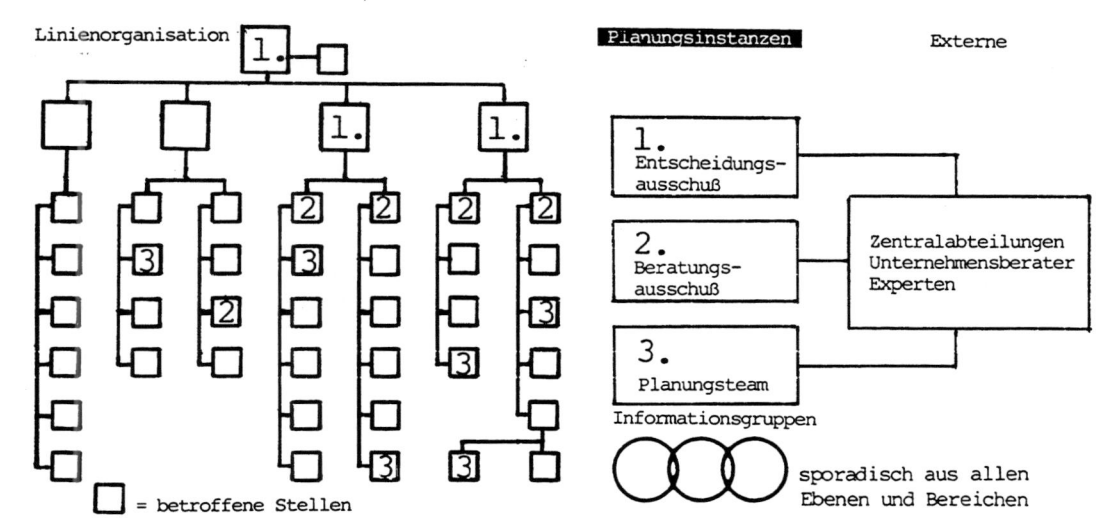

o Der Beratungsausschuß besteht aus Führungskräften der planenden Bereiche. Der Ausschuß soll - abhängig vom Planungsstand - dem Planungsteam beratend zur Seite stehen. Diese Ausschußsitzungen sollten nach Möglichkeit von Nichtbetroffenen moderiert werden.

o Der Entscheidungsausschuß besteht aus den hierarchischen Spitzen der betroffenen Organisationseinheiten. Seine Aufgabe soll es sein, strategische Zwischenergebnisse abzusichern und das gesamte Planungsergebnis zu verabschieden und die Realisierung zu verantworten.

Vorteile dieser aufgabenorientierten Planungsinstanzen gegenüber dauerhaft installierten Stäben sind:

o Die verschiedenen Fachwissensträger können an einer Planungsaufgabe zusammenarbeiten - ohne daß organisatorische Änderungen die Folge sind.

o Die üblichen - und normalerweise notwendigen - Kompetenzstrukturen verhindern nicht die bereichsübergreifende Kooperation.

Aus: Organisationsplanung, Planung durch Kooperation
Hrsg. Siemens AG, S. 44ff (s.S. 263ff)

o Größere Ideenvielfalt,

o Vermeiden einer blockierenden Planungsbürokratie,

o Einbeziehung der vom Planungsprozeß betroffenen Mitarbeiter.

Aus den Problemlösungsklausuren, die keinen derartigen Planungsprozeß erforderlich machen, ist es dennoch wichtig ein späteres Treffen zur Rückkoppelung zu vereinbaren. Mitunter reicht es aus, wenn alle Teilnehmer (und eventuell durch die Nachfolgeaktivitäten weitere Betroffene) sich für einige Stunden innerhalb der Institution treffen.

Es sollten jedoch auch für diese Gesprächssituation Moderatoren den Ablauf gestalten. Viele Institutionen verfügen bereits über eine Anzahl von ausgebildeten Moderatoren, die diesen Rückkoppelungsprozeß weiter betreuen können.

Zu Beginn unserer Praxis haben wir uns häufig diese "Nachveranstaltungen" ausreden lassen und haben dann feststellen müsssen, daß die in der Klausur erarbeiteten Ergebnisse (inhaltlich wie auch Kooperationsverbesserungen) im Sande verliefen. Dies führte dann meist dazu, die Klausur und die ModerationsMethode für nicht erfolgreich zu halten. Dabei lag es häufig nur an der fehlenden Nachbetreuung. Heute ist diese Nachphase ein unverzichtbarer Bestandteil unserer Klausur-Vereinbarungen. Innerhalb der OE-Praxis wird diese Funktion als die "chance-agent"-Funktion beschrieben.

Ein weiterer wichtiger Gesichtspunkt ist die Einbeziehung der Hierarchie und der von den Klausurergebnissen betroffenen Mitarbeitern.
Hierfür haben sich grundsätzlich zwei Wege bewährt:

o Die Hierarchen, die die Klausurergebnisse mitzutragen haben, kommen am letzten Klausurtag hinzu. Nach einer kurzen Präsentation werden zusammen mit den "Entscheidern" die Ergebnisse verabschiedet und Verantwortliche für die Realisierung gefunden.

o Ein bis zwei Wochen nach der Klausur werden die Ergebnisse von der Gesamtgruppe den verantwortlichen Hierarchen und Betroffenen präsentiert. Bei dieser Vorgehensweise können weitere Informationen, die nach der Klausur noch erarbeitet wurden, mit eingebracht werden. Somit wird meist die Entscheidungsgrundlage noch erheblich verbessert und damit die Angst, Entscheidungen zu treffen, reduziert.

Für die Absicherung der Klausurergebnisse hat sich das Simultanprotokoll als äußerst hilfreich und notwendig herausgestellt. Auf die sonst üblichen Protokollführer kann man dabei ganz verzichten.
Damit entgeht man auch der Gefahr, daß im Protokoll nur das steht, was durch die Brille des Protokollanten wichtig war, und Teilnehmer mitunter überrascht sind über die Darstellung der Ergebnisse, an denen sie doch mitgewirkt haben ("Auf dieser Sitzung soll ich gewesen sein?").
Im Gegensatz dazu besteht das Simultanprotokoll "nur" aus den abfotografierten oder wörtlich abgeschriebenen (und auf DIN A 4 vergrößerten) Plakaten, die während der Klausur entstanden sind. Es kann also keiner etwas dazudichten oder weglassen.

Mit Hilfe dieser Protokollart läßt sich auch das Entstehen von Lösungen noch für die Beteiligten nachvollziehen - aber eben nur für die Beteiligten. Es ist und soll nicht für andere Mitarbeiter verständlich sein, die nicht Teilnehmer der Klausur waren. Wenn eine Information über die Klausurergebnisse auch an Nicht-Teilnehmer weitergegeben werden soll, bietet sich entweder eine Präsentation oder eine Aufbereitung des Simultanprotokolls durch eine autorisierte Gruppe an.

12. Vorbereitung einer Moderation
a) Fragen und Einstimmen der Teilnehmer

Teilnehmer sollten nicht völlig unvorbereitet in eine Klausur kommen. Sie sollten einen Eindruck davon bekommen, wie in einer Moderation gearbeitet wird. Darüberhinaus ist es sinnvoll, sie schon vorher nach ihren Zielen und Absichten zu fragen. Vielfach löst eine solche Frage erst die Erkenntnis aus, daß ihre Ziele und Absichten den Ablauf der Klausur bestimmen.

Auch für Moderatoren ist es häufig wichtig, sich im vorhinein einen Eindruck von der Gruppe, von ihren Problemen und dem Organisationsklima, in dem sie arbeitet, zu machen.

Es gibt drei Möglichkeiten, dieses Ziel zu erreichen. Welcher Weg gewählt wird, hängt davon ab, wieviel Aufwand in die Vorbereitung investiert werden kann.

1. Interviews mit einzelnen Teilnehmern

Die Teilnehmer werden einzeln - entweder alle oder eine repräsentative Auswahl -aufgesucht, nach ihrer Problemsicht gefragt und über Ablauf und Ziele der Klausur unterrichtet.

2. Vorgespräch mit der Gruppe

Die Gruppe wird in einer ein- bis zweistündigen Zusammenkunft schon ein bißchen mit der Moderation vertraut gemacht, indem ihre Wünsche und Absichten mit Hilfe der Moderations-Methode diskutiert werden.

Die zweite Vorgehensweise ist der ersten vorzuziehen, da sie Moderation "live" erleben läßt und die Moderatoren nicht dem Verdacht aussetzt, daß sie "klüngeln".

3. Einladungschreiben

Wenn der erste und der zweite Weg zu aufwendig sind oder kurzfristig nicht durchgeführt werden können, sollte zumindest das Einladungsschreiben so gehalten sein, daß die Teilnehmer freundlich auf Absicht und Methode der Veranstaltung rechtzeitig eingestimmt werden.

b) Durchdenken der Bedingungen anhand von Vorfragen

Die Planung eines Moderationsablaufs wird wesentlich erleichtert, wenn sich die Moderatoren schon vorher folgende Fragen vorlegen:

1. Wer ist unsere Zielgruppe?
- Woher kommt sie?
- Was tut sie?

2. Wie ist unsere Zielgruppe zusammengesetzt:
- hierarchisch,
- funktional,
- nach Arten der Tätigkeit,
- und Interessenlage?

3. Was wollen die einzelnen Teilnehmer:
- Ziele,
- Absichten,
- Erwartungen?

4. Was wissen die Teilnehmer?
- Vorwissen über das Problem?
- Kenntnis der Hintergründe?
- Fachwissen?

5. Welche Konflikte können auftreten
- persönlich:
- sachlich,
- Intensität?

6. Was kann danach passieren?
- Organisationsstruktur?
- Energie und Engagement für die Durchführung von Lösungen?
- Entscheidungskompetenz der Gruppe (formelle und informelle Durchsetzungschancen)?

7. Welche Rahmenbedingungen stehen schon fest:
- Veranstaltungsort,
- Entscheidungsspielraum?

8. Wer hat die Moderatoren beauftragt?
- Belastungen und Unterstützungen durch den Auftraggeber?
- Interessen des Auftraggebers?

9. Welche Erfahrungen haben die Teilnehmer mit Moderation?
- Sind sie Neulinge?
- Haben sie gute Erfahrungen gemacht?
- Sind sie schon übersättigt von Moderation?
- Wer hat die Gruppe vor Ihnen moderiert?

c) Aufbau einer Moderation

	Einstieg	**Mittelteil**	**Finale**
Kopf	Bedürfnisse sichtbar machen	Problembearbeitung	Ergebnisorientierung herstellen
	Problembezug herstellen	Diskussion	Folgeaktivitäten festlegen
	Ziele der Veranstaltung erklären	Information	
Bauch	anwärmen aufschließen	Wünsche und Ängste besprechbar machen	Zufriedenheit und Unbehagen erfragen
Techniken	Ein-Punkt-Fragen Zuruf-Fragen	Stichwort-Sammlung Mehr-Punkt-Frage	Tätigkeitskatalog Bewertungen
	Rollenspiel	Klein- oder Kleinstgruppenarbeit	Ein-Punkt-Fragen Dank, Musik
		Plenumsdiskussion	

d) Ablauf einer Moderation

Nr.	Was?	Wie?	Wer?	Zeit?	Hilfsmittel
1	Begrüßung	Ansprache	A	2 min.	Mund + Hände
2	Anwärmen	Frage Spaß/Erfolg	B	3 min.	Plakat, Punkte
3	Problem orientierung	Frage: Worüber muß hier unbedingt gesprochen werden?	A	5 min.	Plakat (Überschrift) Karten, Nadeln
		Klumpen	A/B	10 min.	Leerplakat
		Problemliste machen	A/B		vorbereitete Liste
		Liste bewerten	A/B		Punkte
4	Problem- diskussion	Kleingruppen bilden	A/B	5 min.	Kuller
		Kleingruppen- scenario vorstellen	A/B	2 min.	vorbereitetes Scenario
		Kleingruppen- arbeitsanweisung	A/B	2 min.	Plakat mit Anweisungen
		Arbeit der Kleingruppen			ausreichend Stelltafeln/Ecken
		Kleingruppenergeb- nisse vorstellen	2 Teil- nehmer	20 min.	Material
		Problemliste fortschreiben	A/B		Problemliste
5	Handlungs- orientierung	Ergebnisse bewerten	B		Punkte
		Ergebnisliste	A		Liste
6	Abschließen	Frage (Ein-Punkt)	B		Plakat

e) Material-Checkliste für moderierte Veranstaltungen

Von Teilnehmerzahl und Dauer der Veranstaltung abhängig:	Bestellnummer	Anzahl
Packpapier (125 x 150 cm) pro Teilnehmer und Tag 3 Bogen		
Kärtchen (10 x 21 cm) in vier Farben sortiert (weiß, grün, orange, gelb) pro Teilnehmer und Tag 60 Karten		
Scheiben (Durchmesser 20 cm) in vier Farben, insgesamt pro Teilnehmer und Tag 2 Scheiben		
Überschriftstreifen (15 x 68 cm) in vier Farben, insgesamt pro Teilnehmer und Tag 2 Streifen		
Filzschreiber (edding Nr. 1) in schwarz pro Teilnehmer und Tag 1 Filzschreiber rot, grün und blau pro Teilnehmer und Tag 0,25 Filzschreiber		
Filzschreiber (edding 800) in vier Farben pro Teilnehmer und Tag 0,25 Filzschreiber		
Klebestifte (Pritt - Bürogröße) pro Teilnehmer und Tag 0,25 Klebestifte		
Klebepunkte (Herma 2251 gelb, 2252 rot, 2255 grün) in drei Farben, insgesamt pro Teilnehmer und Tag 50 Klebepunkte		

Nur von Teilnehmerzahl abhängig		
Stellwände (leicht beweglich, freistehend, Höhe zirka 200 cm, Plattenmaß 125 x 150 cm) pro 20 Teilnehmer 12 Stellwände		
Papierscheren pro 20 Teilnehmer 2 Scheren		
Tesakrepp (Breite 30 mm, Länge 30 m) pro 20 Teilnehmer 1 Rolle		
Markierungsnadeln (6/15 = Kopfgröße/Nadellänge) pro 20 Teilnehmer 500 Nadeln		

Zu bestellen bei:

I. Verhalten des Moderators

II. A. Visualisierung

II. B. Frage- und Antworttechniken

II. C. Situationsbezogener Einsatz
 von ModerationsMethoden

II. D. Abendgestaltung

II. D.

II. E. Moderationsumgebung

III. Anwendungsfelder

IV. Literaturhinweise für Moderatoren

V. Formblätter:
 Materialcheckliste / Ablaufpläne

D. Abendgestaltung

Bei einer Klausur spielt der Abend eine wichtige Rolle für den Gruppenprozeß. Der Abend ist die Zeit, in der verarbeitet werden kann, was tagsüber nicht zur Sprache kommen konnte, in der ausagiert werden kann, was tagsüber unterdrückt wurde. Persönliche Kontakte knüpfen, sich näher kommen, Verarbeiten von Spannungen, Aussprechen von Gefühlen, die normalerweise nicht zugelassen werden können, Austausch individueller Erfahrungen, Ausagieren des Bewegungsdranges.

Das geht sicher alles auch bei einem guten Glas Wein in einer gemütlichen Ecke bei Musik und gedämpftem Licht. Die Moderatoren können aber auch anbieten, die Situation zu strukturieren. Durch Spiele, kleine Übungen, bestimmte Gesprächssituationen (womöglich ohne Papier und Filzstift) können sie den menschlichen, gefühlsmäßigen Kontakt verstärkt anregen.

Diese Abendspiele sollten jedoch bestimmten Bedingungen genügen:

o Die Atmosphäre für die abendliche Runde sollte sich deutlich von der Tagesarbeitsatmosphäre unterscheiden. Wenn es nicht möglich ist, den Raum zu wechseln, dann sollte zumindest durch Licht, Musik, Sitzordnung (Kissen) eine andere Situation geschaffen werden. Die Arbeitsmittel, Stellwände, Material, beschriebene Plakate sollten so beiseite gestellt sein, daß man nicht in einem Wald von Stellwänden sitzt und ständig an die Probleme erinnert wird.

o Die angebotenen Spiele und Übungen sollten das Vertrauen und die Kooperationsbereitschaft untereinander stärken. Konkurrenzspiele und alle Sieger-Verlierer-Spiele sind ungeeignet, da sie die Atmosphäre eher vergiften als lockern.

o Die Moderatoren sollten nur Spiele und Übungen anbieten, die sie selbst schon am eigenen Leibe erlebt haben und deren Auswirkungen sie kennen. Es empfiehlt sich nicht, Spiele nach Rezepten aus Büchern einzuführen - zumindest bedarf es eigener, praktischer Erfahrung mit ähnlichen Spielen, um zu erkennen, was dabei läuft.

o Spiele sind ein Angebot, aber kein Zwang zu gemeinsamer Abendgestaltung. Ein Blitzlicht zu Beginn der gemeinsamen, abendlichen Runde kann klären helfen, welche Stimmung und Lust dazu vorhanden ist. Wenn die Teilnehmer es vorziehen, bei Pingpong, Sauna, Gesprächen in kleineren Gruppen, sich zu entspannen, so ist das ihre Entscheidung und somit richtig. Auch die Moderatoren sollten keinen abendlichen Gemeinsamkeitsdruck für sich erzeugen, sich ebenfalls über ihre Lust und Stimmung klar werden, und tun, wonach ihnen zumute ist.

o Erfahrungsgemäß bringen auch Teilnehmer oft Spiele ein. Das kann sehr anregend sein. Der Moderator sollte nur darauf achten, daß solche Spiele nicht destruktiv wirken und gegebenenfalls darauf hinweisen, welche Wirkungen bestimmte Spiele haben können.

o Die Spiele sollten sich auf die konkrete Klausursituation und die Bedürfnisse der Teilnehmer beziehen; z. B. einer depressiven Stimmung kann gegengesteuert, oberflächliche Gespräche können vertieft und überdrehte Gruppen beruhigt werden.

Sammeln Sie für sich Spiele, die sie erleben und die Ihnen gefallen in dieser Mappe - das kann bei Bedarf sehr hilfreich sein.

Weitere Literaturhinweise zu
Rollenspielen und Gruppenübungen s.S. 263ff

I. Verhalten des Moderators

II. A. Visualisierung

II. B. Frage- und Antworttechniken

II. C. Situationsbezogener Einsatz
       von ModerationsMethoden

II. D. Abendgestaltung

II. E. Moderationsumgebung

II. E.

III. Anwendungsfelder

IV. Literaturhinweise für Moderatoren

V. Formblätter:
   Materialcheckliste / Ablaufpläne

E. Moderationsumgebung

Die Umgebung für Moderation beeinflußt entscheidend das Gelingen der Gruppenarbeit. Wir haben in den letzten Jahren einiges an Wissen und Erfahrung gesammelt, wie ökologische Bedingungen (Ökologie - die Lehre von den Umweltbedingungen für Gelingen des Lebens) für die Moderation gestaltet sein müssen. Lösen von Problemen in Gruppen heißt, Neues ausprobieren, mit sich experimentieren, neue Wege zu anderen Menschen finden, "spinnen". Angst und Verspannungen, die wir aus dem Alltag in diese Situation mitbringen sind Mauern, die kreatives Verhalten verhindern. Die Umgebung kann eine Menge dazu beitragen, die Ängste und Verspannungen zu mildern und loszulassen. Andererseits kann Umgebung auch die Angst bis zum Stress verstärken, wenn sie ungeeignet ist (wir alle kennen diese Räume bis zum Überdruß).

Der Gruppenraum

Wieviele Menschen wollen dort welche Aktivitäten durchführen? Welche Tätigkeiten und Stimmungen soll der Raum stimulieren?

Für die Moderation ist es wichtig, daß die Teilnehmer genug Platz und Bewegungsfreiheit haben. Für das Hantieren mit Stelltafeln, die Bildung von Kleingruppen, die Plenumsaktionen, benötigt man mehr Raum als für die althergebrachte Sitzung. Wir rechnen mit bis zu acht Quadratmeter pro Teilnehmer. (Ein zu eng bemessener Raum fördert Unbehagen und Agression.)

Die Farbgestaltung

Farben können die Entspannung stark fördern. Sie wirken auf das Unbewußte und haben einen direkten Einfluß auf Nerven und Kleinhirn. Der Farbeindruck sollte harmonisch und anregend sein, jedoch weder zu stark ablenkend noch zu dämpfend.

Als Grundregel gilt: Dunkle, warme Farben machen schläfrig, grelle Farben wie ein kräftiges Rot oder Grün machen agressiv, zuviel Blau wirkt kalt und unpersönlich. Intensive Musterungen wirken unruhig und lenken ab. Zu empfehlen sind harmonische Landschaftsfarben wie Wiesengrün, Sonnengelb, Orange, Kastanienbraun.

Licht, Luft, Landschaft

Dem biologischen Leistungsrhythmus bekommt Tageslicht besser. Das künstliche Licht für den Abend sollte variierbar sein, sanft und indirekt bei Entspannungsübungen, hell und warm in Arbeitssituationen. Viele und große

Fenster sind nicht nur nützlich für eine natürliche Be- und Entlüftung, sondern sie beziehen auch die Landschaft mit in den Raum ein. Besonders das Grün von Bäumen und Wiesen wirkt entspannend auf Augen und Nerven.

Die Temperatur

Eine angenehme Wärme, variierbar nach der Intensität der Bewegungen, erleichtert die Entspannung des Körpers. Empfehlenswert ist eine Fußbodenheizung. Ein Teppich sollte das Wärmegefühl von unten zusätzlich unterstützen.

Die Akkustik

Durch die Ausstattung des Raumes mit Teppichen, Vorhängen, eventuell Wandteppichen kann die Akkustik bis zu 300 Quadratmeter auf die Bedürfnisse der Gruppenarbeit abgestimmt werden. Da das Scharren von Füßen, das Rücken von Tafeln und Stühlen etc. im Laufe des Tages die Agressionen der Gruppe erheblich erhöhen kann, ist ein Teppichbelag kein Luxus, sondern eine Notwendigkeit.

Einrichtung

Folgende Grundausstattung ist für Moderation notwendig:

o bequeme Stühle (Zahl je nach Raumgröße, pro acht Quadratmeter ein Stuhl, also bei 160 Quadratmeter 20 Stühle),

o kleine, Tischchen (auf Rollen) für Material und Getränke,

o genug Stellwände (pro Teilnehmer eine Stellwand),

o Ablageböcke für Packpapier,

o Stellage für Materialreserven (Material siehe Checkliste),

o Musikanlage,

o Selbstbedienungseinrichtung für Getränke.

Die Erholung

Wenn eine Gruppe einen Tag und länger in einem Raum miteinander lebt, sollte auch die Möglichkeit zur Entspannung und Erholung geschaffen sein. Erfrischende Getränke zwischendurch (Selbstbedienung) und leichtes, abwechslungsreiches Essen unterstützen das Wohlbefinden. Musik durch eine gute Musikanlage - das Programm ist eher Geschmackssache des Trainers - ist für Erholungsphasen fast schon eine Selbstverständlichkeit.

Alle Serviceeinrichtungen sollten sich in den Raum einfügen, um den Seminarablauf nicht zu sehr zu unterbrechen.

Für Spaziergänge in den Pausen ist eine schöne Landschaft am Seminarort eine wohltuende Abrundung.

Unterbringung

Die Unterbringung im Einzelzimmer sollte so gestaltet sein, daß sie den Komfortbedürfnissen der Gruppe entspricht - und nicht womöglich eine Quelle von Unbehagen darstellt.

Dierichs u.a., Workbook, s.S. 263ff

III. Anwendungsfelder

A. Großveranstaltungen

1. Fast klassische Tagung
2. Tagungsbegleitende Moderation
3. Diskussionsmarkt (Disku-Markt)
   a) Moderationsschema eines Diskussionsmarktes
   b) Schematischer Ablauf einer Themenfindungsrunde
   c) Schematischer Ablauf einer Standrunde
4. Informationsbörse (Infor-Börse)
   a) Moderationsschema einer Informationsbörse
   b) Schematischer Ablauf eines Themenstandes
   c) Schematische Darstellung des Gesamtablaufs einer Informationsbörse
5. Standards für moderierte Großveranstaltungen
   a) Vorfragen zum Veranstaltungstyp
   b) Inhaltliche Vorbereitung
   c) Visualisierung
   d) Ausbildung der Moderatoren
   e) Gruppengröße und Moderatorenzahl
   f) Flächenbedarf
   g) Materialcheckliste
   h) Marktregie
   i) Marktführer
   j) Musik
   k) Essen und Trinken
   l) Erholung und Entspannung
   m) Tagungsbegleitende Transparenzfragen
   n) Spontanstand
   o) Plenumsveranstaltungen
   p) Protokoll
   q) Planung einer Tagung

B. Konferenzmoderation

C. Einsatz der Moderation in Lernveranstaltungen

D. Grenzen der Moderation

E. Moderation in OE-Prozessen (und Literaturverzeichnis)

I. Verhalten des Moderators

II. A. Visualisierung

II. B. Frage- und Antworttechniken

II. C. Situationsbezogener Einsatz
       von ModerationsMethoden

II. D. Abendgestaltung

II. E. Moderationsumgebung

III. Anwendungsfelder

IV. Literaturhinweise für Moderatoren

V. Formblätter:
   Materialcheckliste / Ablaufpläne

III. Anwendungsfelder
A. Großveranstaltungen

Für alle Veranstaltungen, die mehr als 20 Teilnehmer umfassen und sich trotzdem nicht durch Ein-Weg-Kommunikation auszeichnen, eignet sich der Einsatz der ModerationsMethode.

Veranstaltungstypen, bei denen sich der Einsatz der Moderation bereits bewährt hat:

o Firmentagung,
o Betriebsversammlung,
o Vertriebstagung,
o Kundenbedarfsanalyse,
o Fachkongreß,
o Messestand,
o Verbandstagung,
o Jahrestagung,
o Betriebsjubiläum,
o Einführung neuer Mitarbeiter,
o Großseminar,
o Bildungs-Bedarfs-Analyse,
o Elternversammlungen,
o Bürgerversammlungen.

Je nach Zielsetzung, Zahl der Teilnehmer und Aufwand für die Vor- und Nachbereitung gibt es dafür verschiedene Modelle.

Die folgende Darstellung zeigt den Zusammenhang zwischen Zahl der Teilnehmer und Zielen.

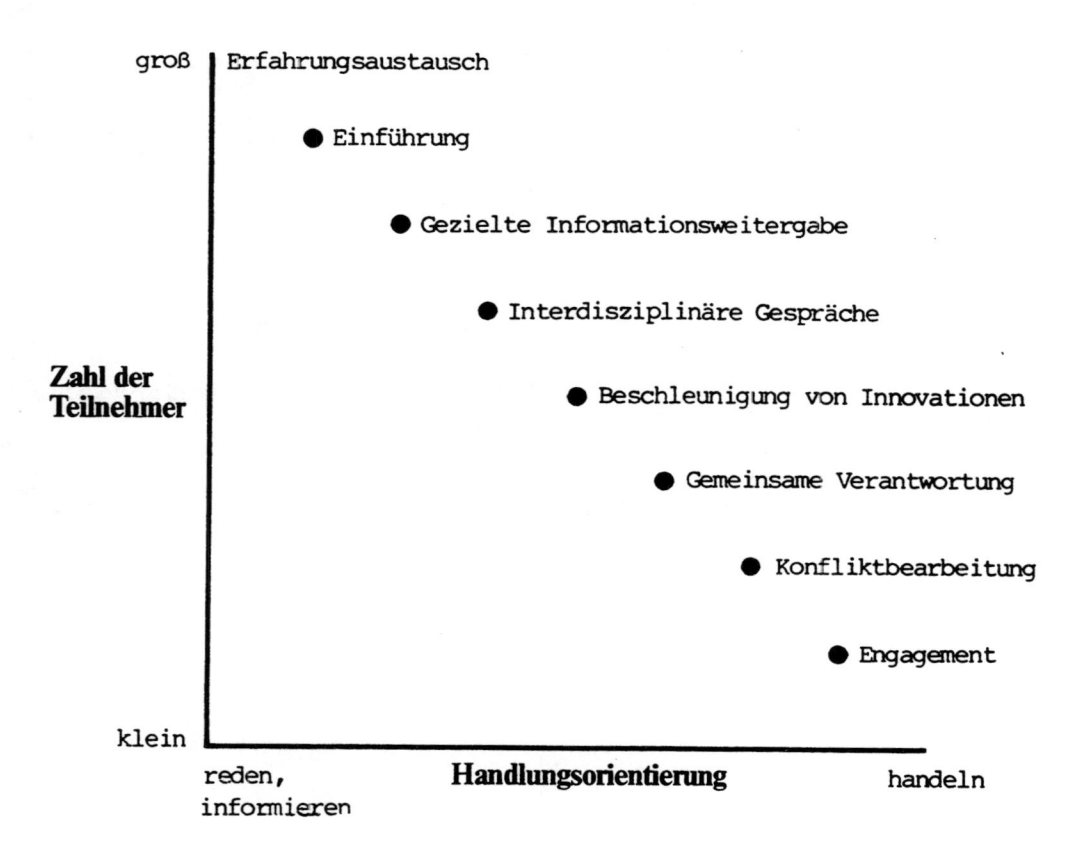

```
                    groß    Erfahrungsaustausch

                            ● Einführung

                                ● Gezielte Informationsweitergabe

                                    ● Interdisziplinäre Gespräche

Zahl der                                ● Beschleunigung von Innovationen
Teilnehmer
                                            ● Gemeinsame Verantwortung

                                                ● Konfliktbearbeitung

                                                    ● Engagement

                    klein
                            reden,          Handlungsorientierung         handeln
                            informieren
```

Die Modelle sind durch unterschiedli- innerhalb der Veranstaltung gekenn-
chen Anteil der ModerationsMethode zeichnet.

1. Fast klassische Tagung

Wenn ein Referat in die Veranstaltung eingebracht werden soll und die Teilnehmer sich durch eine intensive Diskussion mit diesem Punkt auseinandersetzen sollen, so bietet sich diese Form der moderierten Diskussion an.

▶ Ablauf

Der Referent hält seinen Vortrag vor dem Gesamtplenum. Statt nun Mikrophone ins Auditorium zu stellen oder eine Podiumsdiskussion zu organisieren, wird das Plenum in moderierbare Gruppengrößen aufgeteilt (etwa 20 Personen), die, von jeweils zwei Moderatoren unterstützt, über das Referat diskutieren.

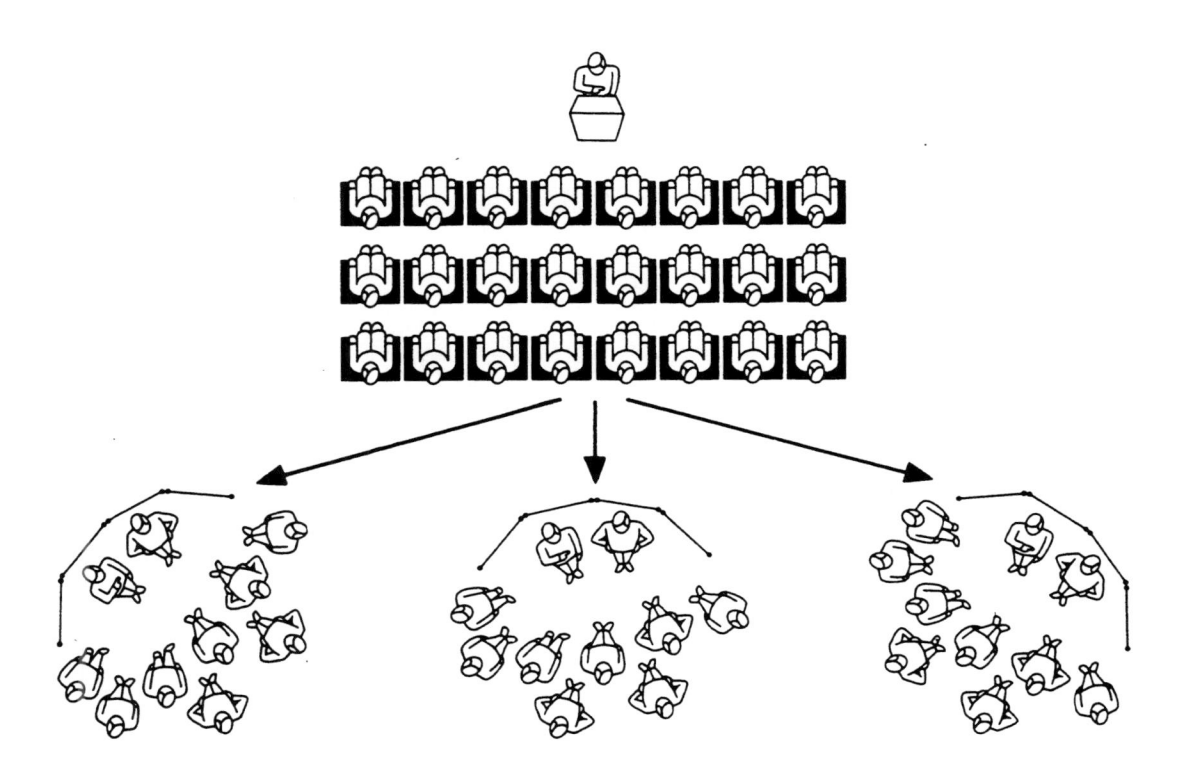

2. Tagungsbegleitende Moderation

Die tagungsbegleitende Moderation bietet sich an als Parallelangebot für Veranstalter, die damit rechnen, daß die vorgesehenen Referate nicht gleichzeitig alle Tagungsteilnehmer befriedigen können.

▶ Ablauf

Alle Teilnehmer, die gerade kein für sie interessantes Themenangebot auf dem Kongreß finden, treffen sich an schon vorbereiteten Diskussionsständen. Dort werden die verschiedenen durch den Kongreß im Moment nicht abgedeckten Interessenbereiche und Themen gesammelt. Die Themen, für die sich ein größerer Teilnehmerkreis erwärmen kann, werden an seperaten Diskussionsständen bearbeitet. Dabei werden die unterschiedlichen beruflichen Erfahrungen der Teilnehmer dafür sorgen, daß jeder eine Fülle von Anregungen erfährt.

Diese Diskussionsstände werden von den Moderatoren moderiert. Ihre Aufgabe ist es, den Prozeß der Diskussion, nicht aber ihren Inhalt zu steuern.

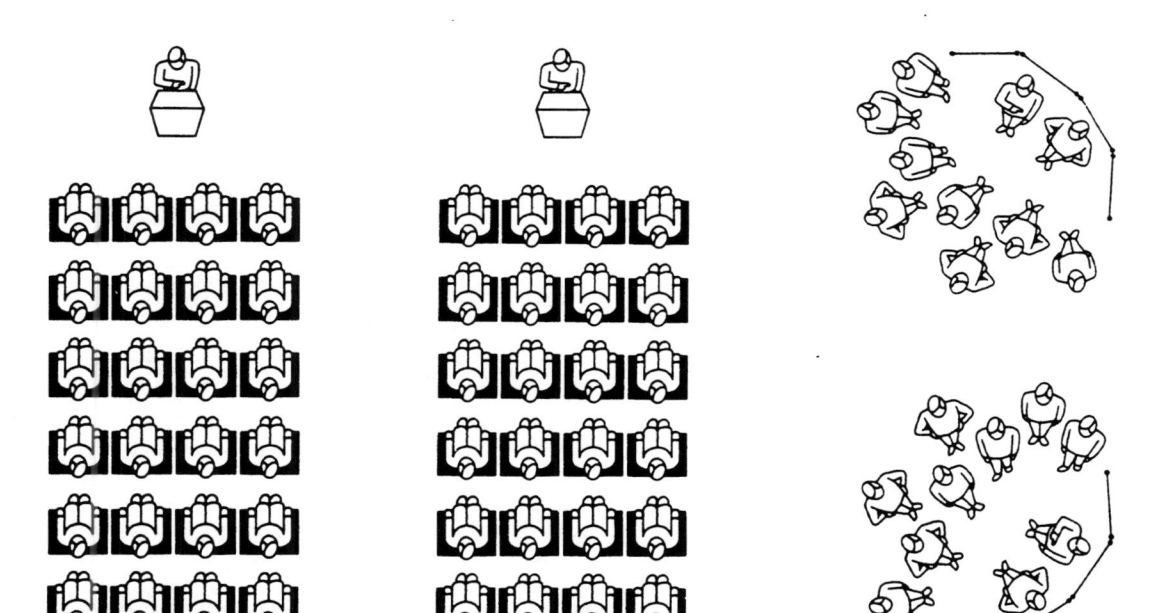

3. Diskussionsmarkt (Disku-Markt)

Diskussionsmarkt für die Führungskräfte der Maschinenbau AG

Ablauf:

9,00 Uhr
Begrüßung der Teilnehmer und Hinweise auf den Ablauf des Diskussionsmarktes

9,15 Uhr
Standrunde zur Themenfindung

10,00 Uhr
Kaffeepause

10,30 Uhr
Plenum: Bewertung und Auswahl der Themen für die Standrunden

11,00 Uhr
1. Standrunde nach Wahl der Teilnehmer

13,00 Uhr
Mittagessen

14,30 Uhr
2. Standrunde nach Wahl der Teilnehmer

16,30 Uhr
Abschlußplenum

17,00 Uhr
Ende des Diskussionsmarktes

Ab 19,00 Uhr findet ein zwangloses Zusammensein der Führungskräfte statt, an dem auch die Ehepartner teilnehmen.

Der Diskussionsmarkt eignet sich für folgende Situationen:

o wenn der Veranstalter erreichen will, daß die Teilnehmer über Probleme ihrer eigenen Wahl diskutieren können,
o wenn der Veranstalter erreichen will, daß die Teilnehmer ein gemeinsames Handlungskonzept finden,
o wenn der Veranstalter ein hohes Maß an Spontanität der Teilnehmer ermöglichen will,
o wenn der Veranstalter nicht die Möglichkeit zu einer intensiven inhaltlichen Vorbereitung hat.

►Ablauf

Im Anschluß an die Einführung in den Ablauf des Diskussionsmarktes verteilen sich die Teilnehmer nach freier Wahl auf die Diskussionsstände. Jeder beginnt nach seiner Disposition bei dem Thema, dem er das größte Interesse entgegenbringt.
Je nach Zielsetzung und Gesamtdauer der Veranstaltung lassen sich die einzelnen Standrunden-Zeiten und die Anzahl der Standrunden bestimmen.
In diesem Ablaufbeispiel werden die Themen erst in der Veranstaltung selbst festgelegt, eine Variante, die von den Moderatoren sehr viel Flexibilität und Erfahrung verlangt.

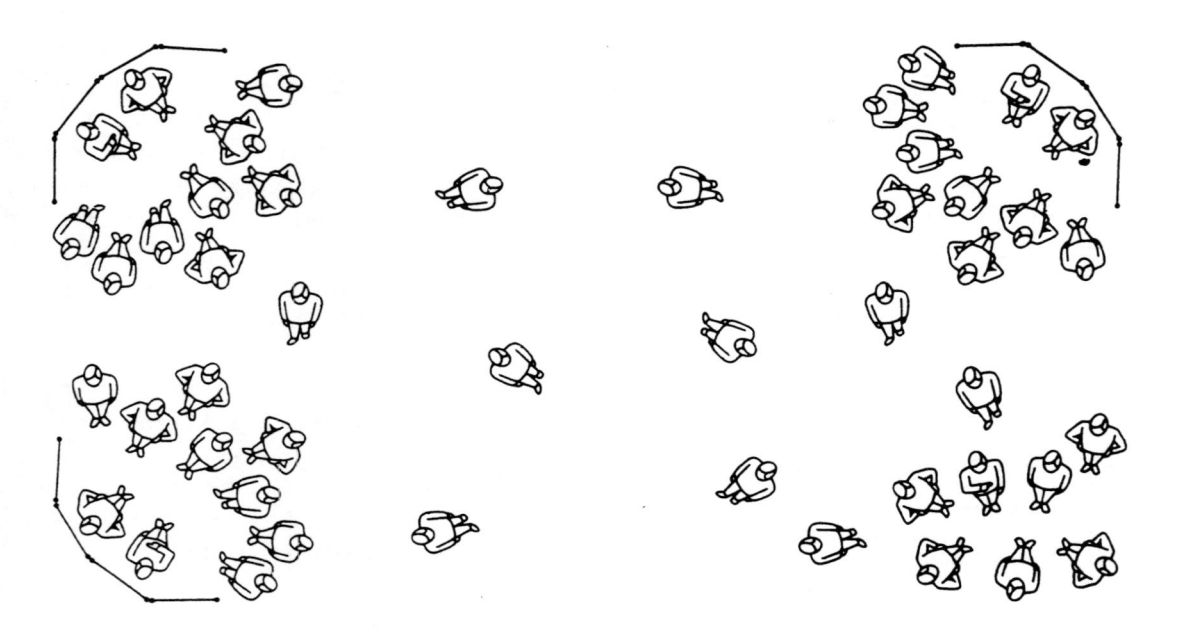

Aufbau eines Diskussionsmarktes

a) Moderationsschema eines Diskussionsmarktes

Für den Diskussionsmarkt gibt es, wie erwähnt, zwei Varianten:

1. Die Themen werden in einer Vorphase festgelegt. Im Diskussionsmarkt steht dann noch ein Spontanstand zur Verfügung, in dem aktuelle Themen diskutiert werden können.

2. Die Themen werden erst während des Marktes gesammelt und ausgewählt.

Für die Variante 2 ist es notwendig, den eigentlichen Standrunden eine Themenfindungsrunde vorzuschalten. Während sich die Teilnehmer den Themenständen nach den von ihnen gewählten Themen zuordnen, werden sie in der Themenfindungsrunde nach dem Zufallsprinzip auf die Themenstände aufgeteilt.

b) Schematischer Ablauf einer Themenfindungsrunde

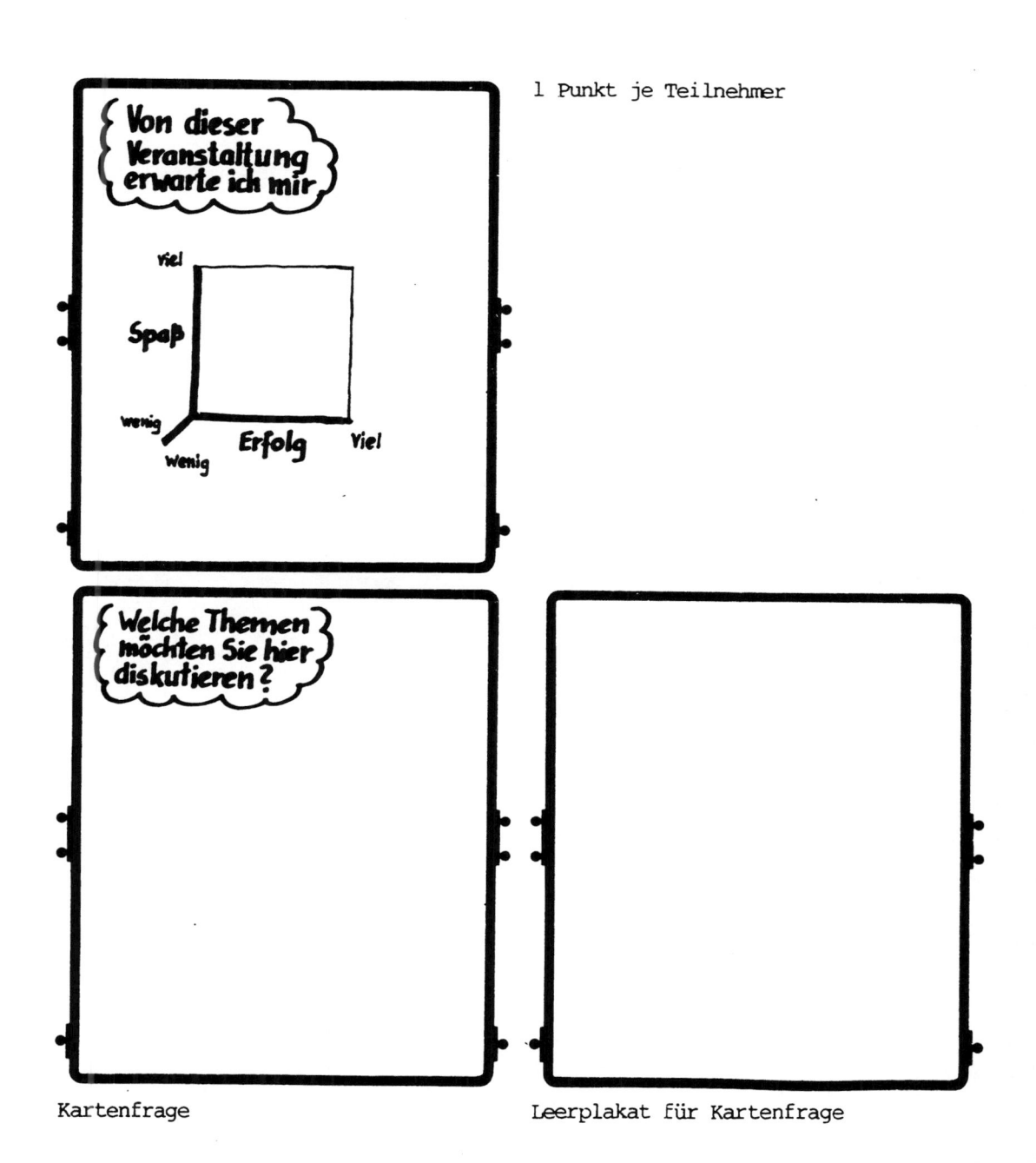

Von dieser Veranstaltung erwarte ich mir

Spaß (viel/wenig) — Erfolg (wenig/viel)

1 Punkt je Teilnehmer

Welche Themen möchten Sie hier diskutieren?

Kartenfrage

Leerplakat für Kartenfrage

Bewertungsfrage

Worüber sollte auf jeden Fall gesprochen werden?

Themenliste 1

Themenliste 2

c) Schematischer Ablauf einer Standrunde

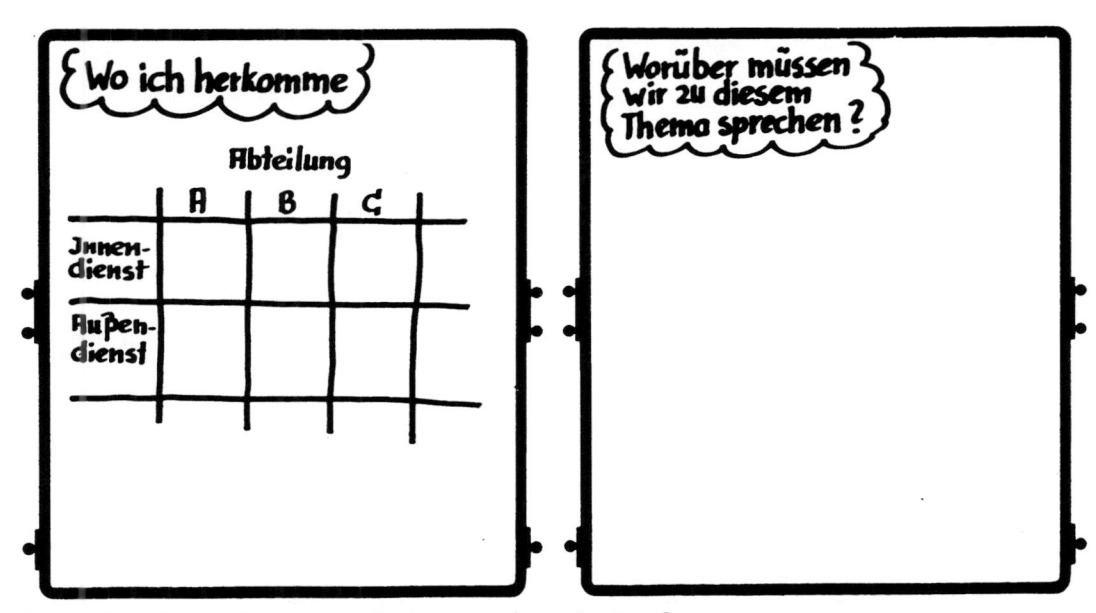

Wo ich herkomme

Abteilung: A | B | C
Innendienst
Außendienst

1 Punkt je Teilnehmer, beim Hereinkommen zu kleben

Worüber müssen wir zu diesem Thema sprechen?

Kartenfrage

Dieses Thema ist für meine tägliche Arbeit

sehr wichtig	wichtig	nicht so wichtig	ganz unwichtig

1 Punkt je Teilnehmer

Leerplakat für Kartenfrage

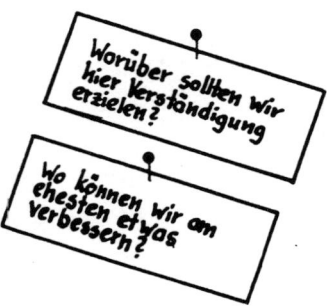

Alternative Bewertungsfragen:
- Worüber sollten wir hier Verständigung erzielen?
- Wo können wir am ehesten etwas verbessern?

Problemliste 1

Problemliste 2

Kleingruppenscenarien

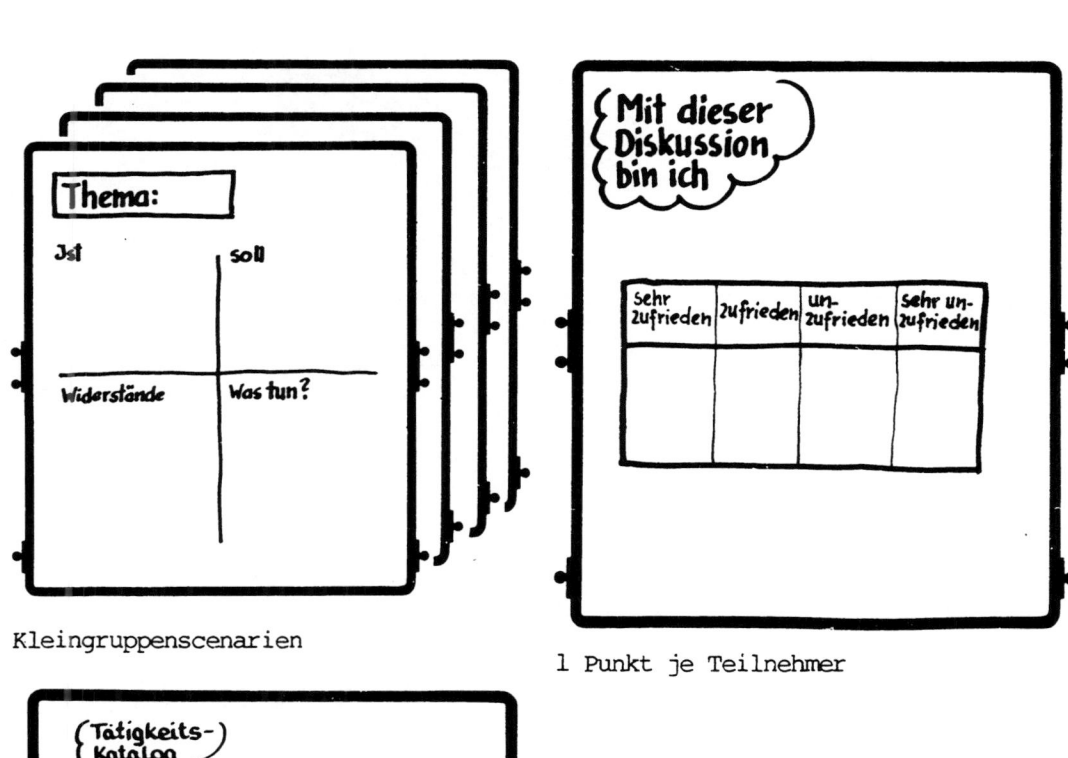

1 Punkt je Teilnehmer

4. Informationsbörse (Info-Börse)

Informieren und informiert werden - das ist heute eine der wichtigsten Führungsaufgaben in jeder Organisation. Aber: Wer liest schon all das, was ihm auf den Schreibtisch flattert; wer kann und mag schon den Dauerrednern zuhören, die Informationen mit Selbstdarstellung verwechseln, und wer weiß schon, wie seine Informationen ankommen?! Diese Frage löst die Info-Börse, ein Informations- und Rückkoppelungs-Instrument für Veranstaltungen mit 100 bis 2000 Personen.

Die Informations-Börse läßt sich in folgenden Situationen anwenden:

o wenn die Teilnehmer sich mit bestimmten Themen beschäftigen sollen/wollen,

o wenn die Teilnehmer zu den angebotenen Informationen Stellung beziehen sollen,

o wenn genügend Zeit und Kapazität für die inhaltliche Vorbereitung vorhanden ist,

o wenn die Teilnehmer aus dieser Diskussion Konsequenzen für ihre alltägliche Arbeit ziehen sollen.

► Ablauf

Die Themen werden - unter Mitwirkung der späteren Teilnehmer - ausgewählt, sie werden mit Hilfe der Moderations-Methode zu Informationsständen aufbereitet. Diese Stände werden bei der Info-Börse präsentiert, das heißt: je 15 bis 25 Personen diskutieren - wiederrum mit Hilfe der Moderation - die eingebrachten Informationen. Jeder Teilnehmer wird angesprochen, jeder Teilnehmer kann mitmachen.

Bis zu drei Informationsstände kann jeder Teilnehmer einer Info-Börse am Tag besuchen. Mehr als drei Standrunden pro Tag überfordern die Aufnahmekapazität der Teilnehmer.

Nun liegt es auf der Hand, daß eine derartige Veranstaltung eine wesentlich längere Zeit der Vorbereitung als der Diskussionsmarkt braucht. Die Vorbereitung macht dafür schon einen wesentlichen Teil des Effekts aus, der durch die Informationsbörse erzielt werden soll/kann.
In die Vorbereitung fallen Themenauswahl, Themenaufbereitung, Vorklärung von inhaltlichem Zündstoff, Organisation der Vorbereiter, die Moderatorenausbildung und die Koordination der organisationsinternen Absichten. Unsere Erfahrung hat gezeigt, daß gerade die Vorbereitungsphase eine verstärkte Identifikation mit der Institution und eine Steigerung der Motivation bringt.

Über die vorbereiteten Informationsstände hinaus, sollte auch ein Spontanstand angeboten werden, der das Aufgreifen von aktuell aufgetretenen Problemen ermöglicht.

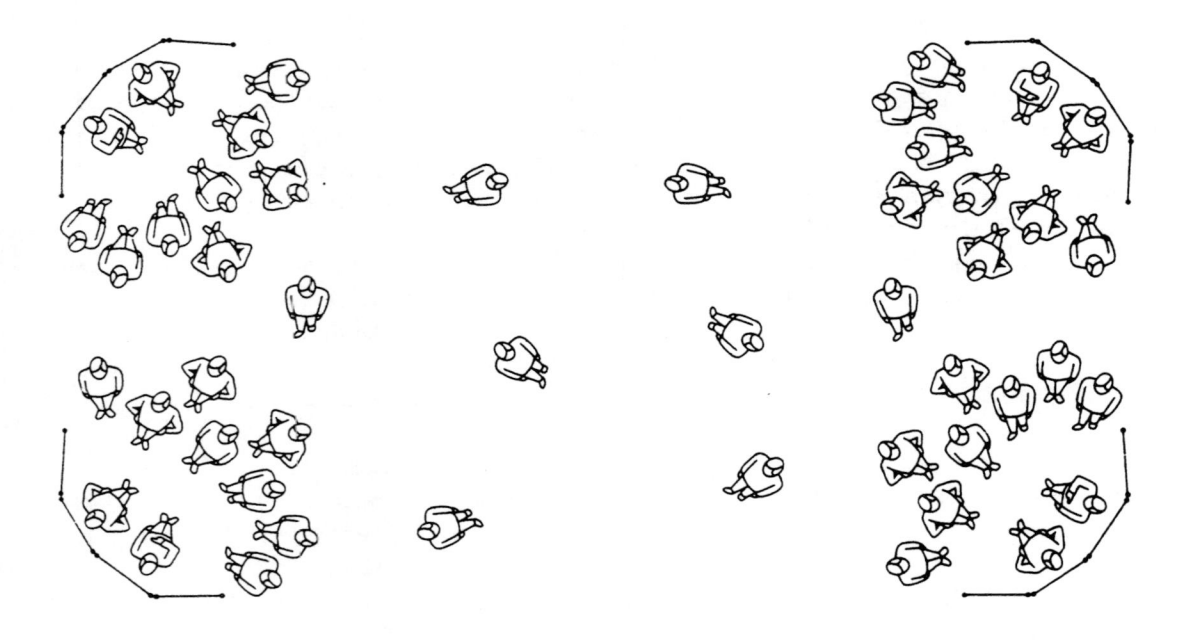

a) Moderationsschema einer Informationsbörse

Wie bei dem Einsatz der Moderations-Methode in Lernveranstaltungen (vergleiche III.C.) kommt es auch bei einem Marktstand in einer Informationsbörse darauf an, die Informationen so zu plazieren, daß die Teilnehmer ihnen ein hohes Maß an Aufmerksamkeit entgegenbringen können. Deshalb ist es notwendig, sie nicht mit den Informationen zu überfallen, sondern sie vorher anzuwärmen und ihr Problembewußtsein zu schärfen.

Ferner sollen die Informationen nicht "l'art pour l'art" abgegeben werden, sondern sie sollen eine Handlungsbedeutung für die Teilnehmer erlangen. Dazu ist es notwendig, im Moderationsablauf eine Phase vorzusehen, in der die Informationen verarbeitet werden können. Verarbeiten heißt:

● Kritische Beleuchtung der Informationen aus der Sicht des Teilnehmers;

● Anreicherung der Informationen durch eigenes Wissen und eigene Erfahrungen der Teilnehmer;

● Umsetzen der Informationen in den eigenen Handlungsrahmen der Teilnehmer.

Die folgende Darstellung zeigt das allgemeine Schema eines Marktstandes in einer Informationsbörse. In einem konkreten Fall kann und soll ein solcher Ablauf themabezogen modifiziert werden, wobei jedoch die fünf Stufen eines Informationsstandes

● Anwärmen,
● Herstellung des Problembewußtseins
● Information,
● Informationsverarbeitung und
● Handlungsorientierung

eingehalten werden sollen.

In Informationsbörsen, in denen die Teilnehmer verschiedene Themenstände durchlaufen, empfiehlt es sich, für die Themen oder auch die Themenrunden unterschiedliche Abläufe festzulegen, um Ermüdungserscheinungen bei den Teilnehmern vorzubeugen.

b) Schematischer Ablauf eines Themenstandes

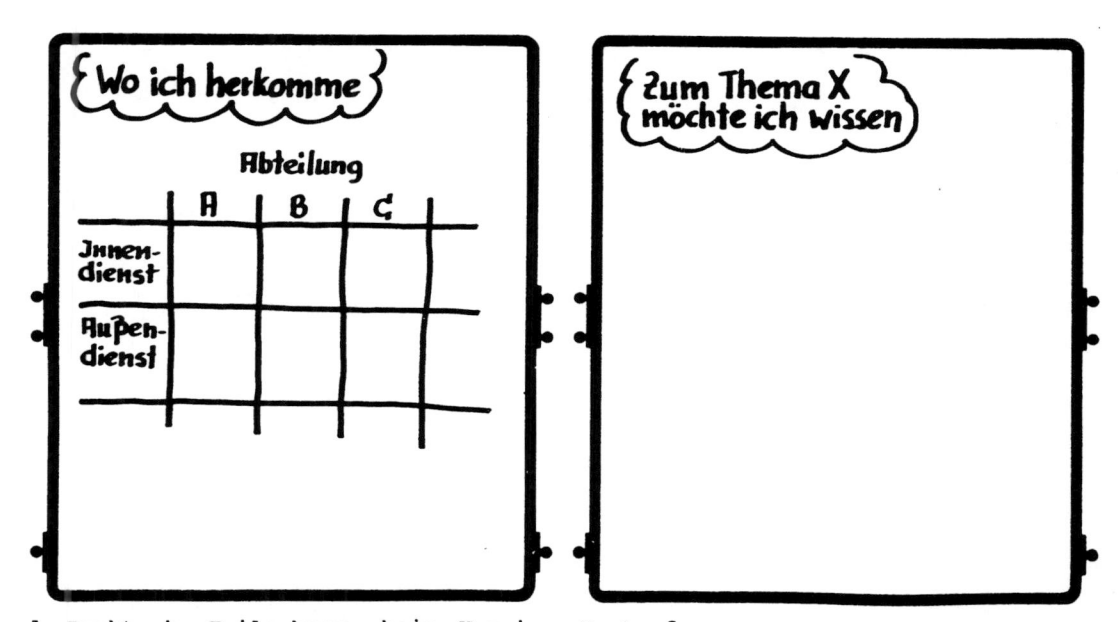

Wo ich herkomme

	Abteilung A	B	C
Innendienst			
Außendienst			

1 Punkt je Teilnehmer, beim Hereinkommen zu kleben

Zum Thema X möchte ich wissen

Kartenfrage

Das Thema X ist für meine tägliche Arbeit

sehr wichtig	wichtig	nicht so wichtig	ganz unwichtig

1 Punkt je Teilnehmer

Leerplakat für Kartenfrage

Wissensbedarf

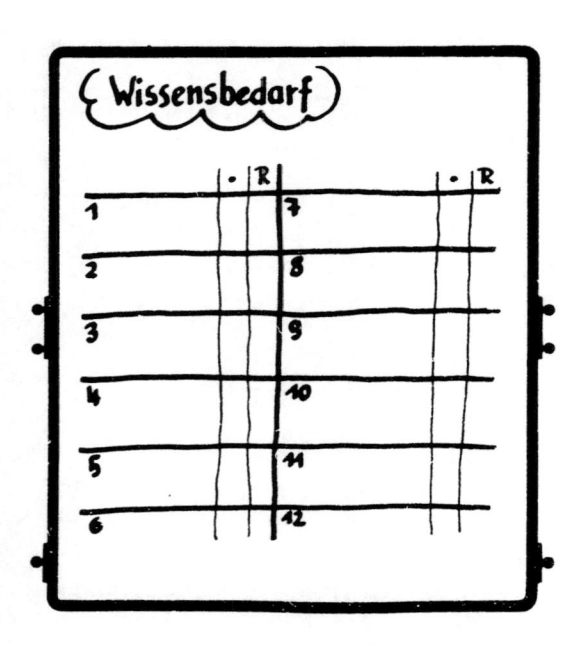

Wissensbedarf

Welche Punkte interessieren Sie am meisten?

Wo können Sie am ehesten etwas tun?

Alternative Bewertungsfragen

Kleingruppenscenarien

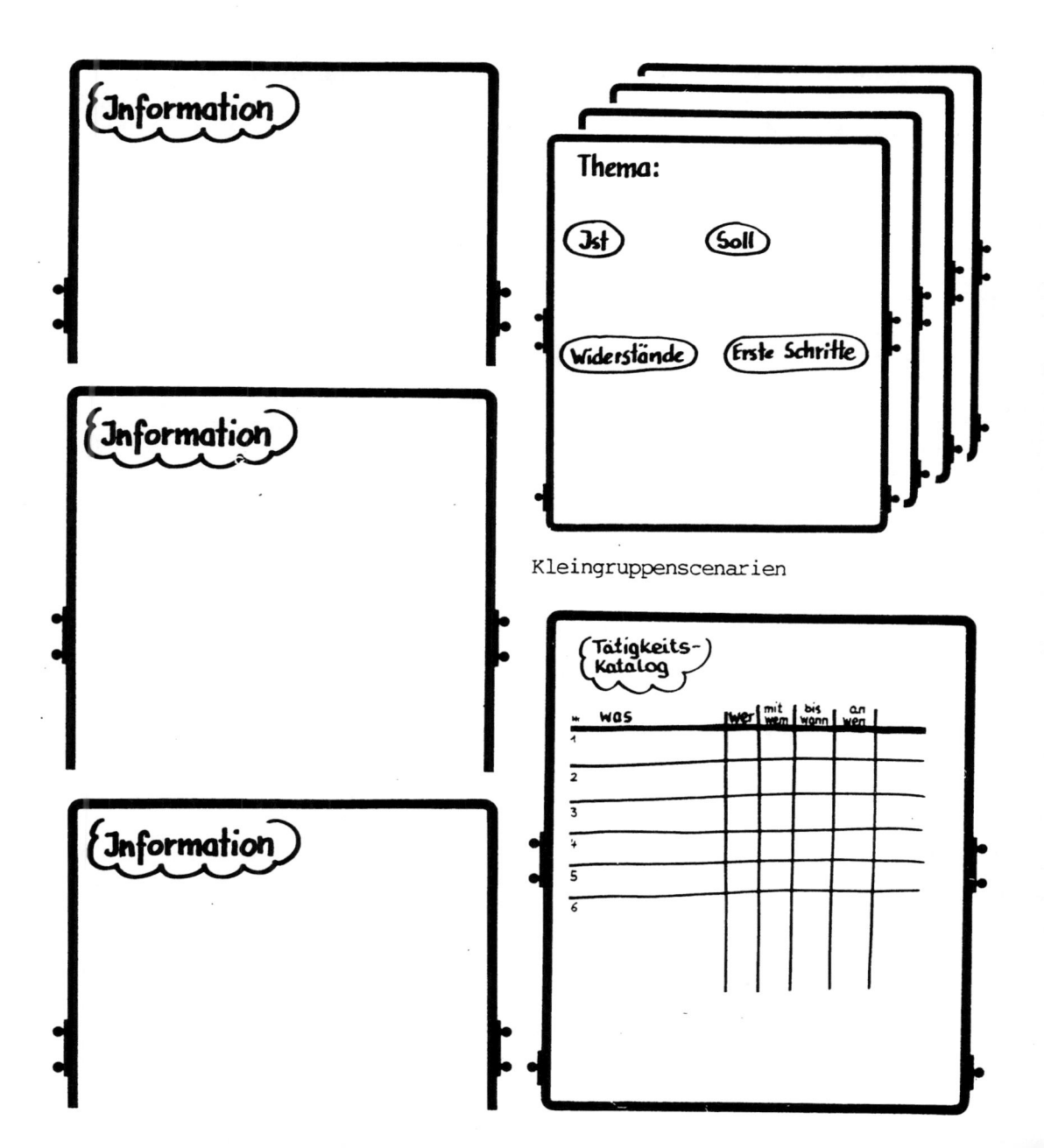

Weiterführende/ offene Fragen

Nach jeder Standrunde oder am Ende einer Informationsbörse sollte das Gesamtplenum noch einmal zusammenkommen, um eine Präsentation der Ergebnisse entgegenzunehmen. Diese Präsentation sollte enthalten:

- Schwerpunkte der Diskussion im Marktstand,

- erarbeitete Lösungsansätze,

- offene/weiterführende Fragen.

Die dazu notwendigen Plakate sollten möglichst schon im Marktstand entstehen. Die Ergebnisse sollten von zwei Teilnehmern aus dem Stand (nicht den Moderatoren!) präsentiert werden.

c) Schematische Darstellung des Gesamtablaufs einer Informationsbörse

1. Tag Vormittag

9.00   Gesamtplenum
- Begrüßung
- Technische Hinweise zum Ablauf
- Aufteilung auf die Marktstände

9.30   1. Standrunde

12.00   Präsentation der Ergebnisse der 1. Standrunde

12.45   Mittagspause

1. Tag Nachmittag		
15.00	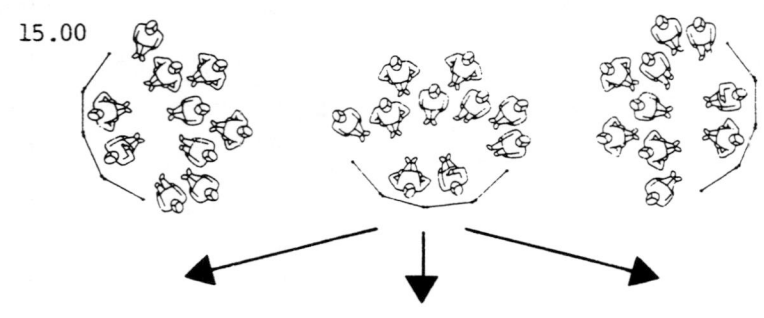	2. Standrunde
17.30		o Präsentation der Ergebnisse der 2. Standrunde o Tagungsbegleitende Transparenzfragen
18.30	 Ende des 1. Tages	
19.00		Abendessen
20.00	 Gemeinsame Abendgestaltung	o Unterhaltung o Informelle Kontakte

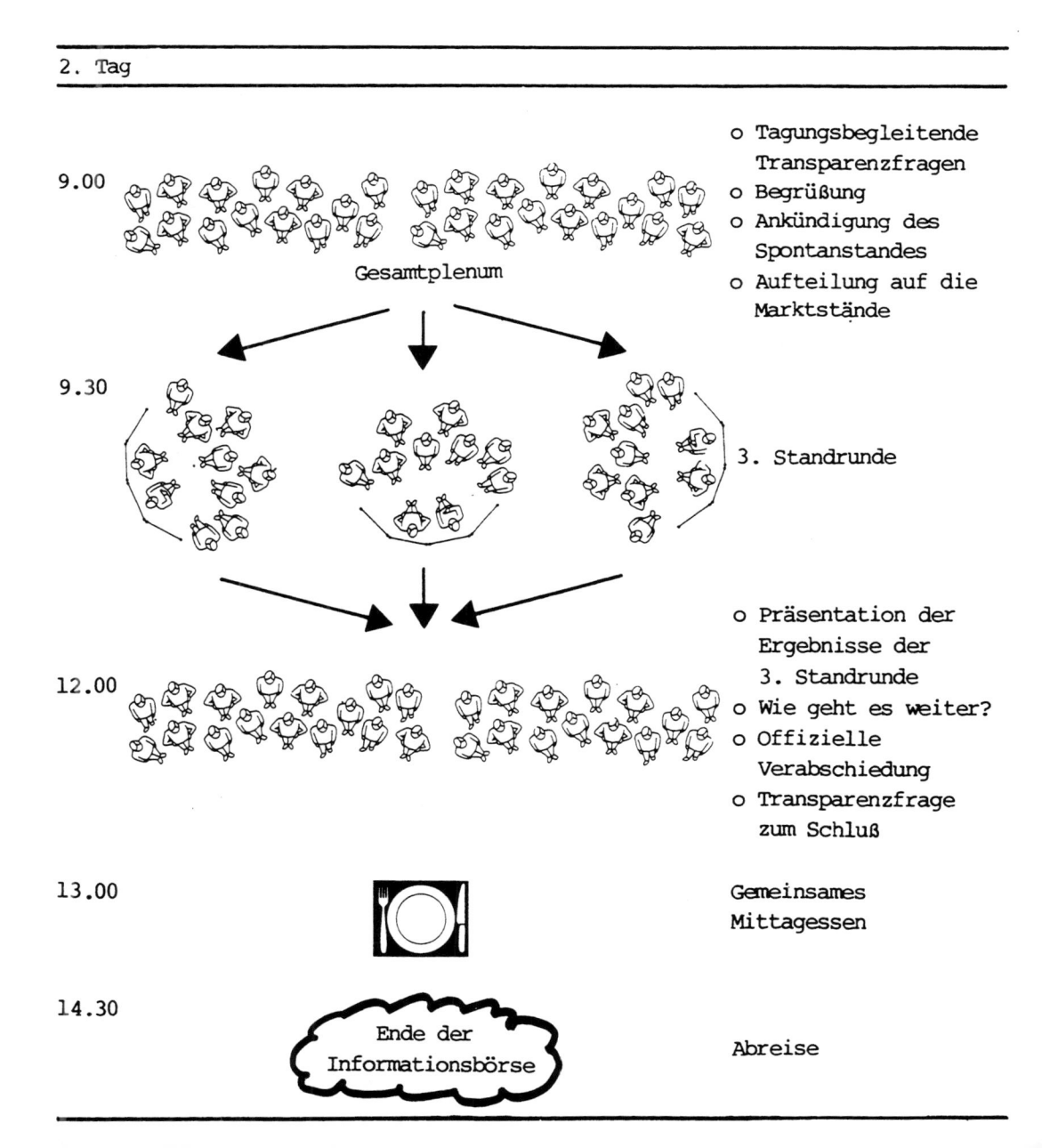

2. Tag		
9.00	Gesamtplenum	o Tagungsbegleitende Transparenzfragen o Begrüßung o Ankündigung des Spontanstandes o Aufteilung auf die Marktstände
9.30		3. Standrunde
12.00		o Präsentation der Ergebnisse der 3. Standrunde o Wie geht es weiter? o Offizielle Verabschiedung o Transparenzfrage zum Schluß
13.00		Gemeinsames Mittagessen
14.30	Ende der Informationsbörse	Abreise

5. Standards für moderierte Großveranstaltungen
a) Vorfragen zum Veranstaltungstyp

Eine moderierte Großveranstaltung ist sinnvoll, wenn

a) der Wunsch nach Kommunikation zwischen den Teilnehmern im Vordergrund steht,

b) eine Chance besteht, daß die während der Veranstaltung erarbeiteten Ergebnisse realisiert werden können.

Deshalb müssen folgende Fragen geklärt sein, bevor die Entscheidung für eine moderierte Großveranstaltung fällt:

1. Ist beabsichtigt, den Teilnehmern Freiheit bei der inhaltlichen Gestaltung der Diskussion zu lassen?

2. Ist beabsichtigt, die Informationen, die den Teilnehmern präsentiert werden, von den Teilnehmern kritisch diskutieren zu lassen?

3. Besteht die Offenheit, neue Ideen aus dem Teilnehmerkreis aufzugreifen?

4. Besteht die Bereitschaft, Kritik der Teilnehmer an Inhalt und Methode offenzulegen?

5. Ist beabsichtigt, nach der Tagung an den Problemen der Veranstaltung weiterzuarbeiten, eventuell in Projektgruppen?

6. Besteht die Möglichkeit, daß die Teilnehmer nach der Tagung an Themen ihrer Wahl weiterarbeiten können und ist die Bereitschaft vorhanden, diese Interessenten an dem weiteren Prozeß zu beteiligen?

Nur wenn diese Fragen mit "Ja" beantwortet werden können, ist eine moderierte Großveranstaltung sinnvoll. Sind einige dieser Vorbedingungen nicht gegeben, besteht die Gefahr, daß den Teilnehmern ein Handlungsspielraum vorgegaukelt wird, den sie in Wahrheit nicht haben. Diese Manipulation der Teilnehmer führt nicht nur zu schwer zu bewältigenden Konflikten während der Veranstaltung, sie verkehrt auch den Motivationseffekt der ModerationsMethode in ihr Gegenteil.

Ist die Frage, ob eine moderierte Großveranstaltung sinnvoll ist, positiv entschieden, muß festgelegt werden, welcher Veranstaltungstyp (oder welche phasenweise Mischung mehrerer Typen) der Problemstellung angemessen ist.

Folgende Fragen können dabei eine Hilfestellung geben*:

- Wollen Sie erreichen, daß die Teilnehmer über Probleme ihrer eigenen Wahl sprechen?

- Wollen Sie erreichen, daß die Teilnehmer ein gemeinsames Handlungskonzept finden?

- Wollen Sie, daß ein hohes Maß an Spontaneität der Teilnehmer erreicht wird?

- Fehlt Ihnen die Zeit für eine intensive inhaltliche Vorbereitung einzelner Themen?

Dann wählen Sie am besten einen <u>Diskussionsmarkt</u>.

- Wollen Sie die Teilnehmer mit bestimmten, vorher ausgewählten Themen konfrontieren?

- Besteht die Notwendigkeit, die Teilnehmer mit bestimmten Informationen zu versorgen?

- Sollen die Teilnehmer zu den ihnen vermittelten Informationen Stellung beziehen?

- Haben Sie ausreichend Zeit und personelle Kapazität für die inhaltliche Vorbereitung der einzelnen Themen?

- Wünschen Sie, daß die Teilnehmer aus den Informationen und Diskussionen Konsequenzen für ihre tägliche Arbeit ziehen?

Dann wählen Sie am besten eine <u>Informationsbörse</u>.

- Haben Sie ein Referat vorgesehen, auf dessen intensive Diskussion Sie nicht verzichten wollen?

Dann wählen Sie am besten eine <u>Fast klassische Tagung</u>.

- Wollen Sie Kongresse, Messen, Ausstellungen usw. durch den Einsatz der ModerationsMethode auflockern?

- Wollen Sie die Interessen und Bedürfnisse von Besuchern einer Messe, einer Ausstellung, eines Kongresses erfahren?

- Wünschen Sie, daß diese Besucher einen intensiveren Kontakt untereinander erleben sollen?

Dann wählen Sie am besten eine <u>Tagungsbegleitende Moderation</u>.

Diese Veranstaltungstypen sind auch phasenweise kombinierbar. Sie können also zum Beispiel mit einem Referat beginnen, das in Form der "Fast klassischen Tagung" diskutiert wird, schließen eine themenorientierte Moderation in Form einer "Informationsbörse" an und beenden die Veranstaltung mit einer Spontanrunde, die die Gestalt eines Diskussionsmarktes hat.

Im folgenden beschreiben wir die qualitativen und quantitativen Standards, die Sie berücksichtigen sollten, wenn Sie erfolgreich eine moderierte Großveranstaltung durchführen wollen.

---

*Der Übersicht halber sind hier noch einmal alle Fragen zusammengestellt, die vorher bei den jeweiligen Veranstaltungstypen aufgeführt wurden.

b) Inhaltliche Vorbereitung

Die Intensität der inhaltlichen, themenbezogenen Vorbereitung ist sehr abhängig von den Zielen der Veranstaltung und der dann gewählten Tagungsform (Informationsbörse oder Diskussionsmarkt).

1. Themenfindung

In jedem Fall ist es sinnvoll, die späteren Teilnehmer an der Themenfindung zu beteiligen. Entweder durch schriftliche Sammlung von Themenvorschlägen (Fragebogen mit offenen Fragen) oder durch eine moderierte Themenfindungsklausur. Mit dem Fragebogen lassen sich alle Teilnehmer befragen, bei der Klausur kann auch mit einer repräsentativ zusammengesetzten Teilnehmergruppe gearbeitet werden.

2. Themenbearbeitung

Wenn die Themenbereiche feststehen, müssen für alle Themen folgende Fragen geklärt werden:

- Welche Probleme/Schwierigkeiten/Konflikte sind mit dem Thema verknüpft?

- Mit welchen formalen Zielen soll das Thema in den Standrunden bearbeitet werden (zum Beispiel Problemorientierung schaffen, Lösungsansätze erarbeiten etc.)?

- Welche Informationen brauchen die Teilnehmer, um das entsprechende Thema bearbeiten zu können?

- Welche Informationen können vorausgesetzt werden, welche müssen in Erinnerung gerufen werden und welche müssen - weil völlig neu - vermittelt werden?

- Welche Informationen können mit den Teilnehmern zusammen erarbeitet werden?

- Welche Informationen könnten/sollten als Hintergrundmaterial später nachgeliefert werden?

- Welche Fragen lassen sich aus diesem Thema ableiten?

Für die Klärung dieser Fragen hat sich als effizienteste Bearbeitungsform die moderierte Themenklausur herausgestellt.

Die weitere inhaltliche Themenbearbeitung kann danach in themenbezogenen Projektgruppen erfolgen. Nach Möglichkeit sollten in dieser Phase dann die Moderatoren (vorhandene, noch auszubildende oder externe Moderatoren) einbezogen werden. Nach der inhaltlichen Klärung erfolgt dann die Festlegung der Moderationsabläufe (Drehbuch).

c) Visualisierung

Für die hier beschriebenen Tagungsformen hat die visuelle Aufbereitung von Informationen eine besondere Bedeutung (siehe II. A. S. 33ff). Bei der Präsentation von vorbereiteten Informationen genauso wie beim Festhalten des Diskussionsverlaufs und der Diskussionsergebnisse.

Bei der Visualisierung von vorbereiteten Informationen gelten die Regeln, die unter II. angeführt sind. Darüber hinaus besteht bei Infobörsen die Möglichkeit, über die handgeschriebenen Plakate hinaus andere Medien wie Folien und Flipcharts einzusetzen. Die Informationen, die für den Diskussionsprozeß benötigt werden, sollten auf jeden Fall für alle sichtbar hängen bleiben können (auf Plakaten oder Flipcharts). Es empfiehlt sich, die Informationen so aufzubereiten, daß Reaktionen wie Anregungen zur Diskussion und zu weiteren Handlungen bei den Teilnehmern ausgelöst werden. Das heißt, Informationen, die bei den Gruppenmitgliedern nur zu "na-und-Aussagen" führen befriedigen vielleicht den, der sie vermittelt, verbessern aber nicht die Diskussionsgrundlage.

Es hat sich aus unserer Erfahrung nicht bewährt, schriftliches Material während der Standrunden zu verteilen. Die Informationen, die alle erhalten sollen, sollten für alle sichtbar visualisiert eingebracht werden.

d) Ausbildung der Moderatoren

Alle bei einem Markt als Moderatoren agierenden Personen (an den Ständen und im Plenum) müssen so weit für Moderation ausgebildet sein, daß sie die Technik im Griff haben und auf der Beziehungsebene mit einer Gruppe umgehen können. Auch die Kooperation zwischen den Moderatoren sollte vorher schon einmal geprobt worden sein.

Für die Anforderungen einer Standmoderation muß der Moderator ein Moderatorentraining und ein bis zwei Testläufe seines Standes erlebt haben (unter der Voraussetzung, daß der zeitliche Ablauf zwischen Training, Teststand und Markt nicht zu lange dauert).

Ein Modell, das sich sehr bewährt hat, ist die Kooperation eines externen und eines internen Moderators pro Stand.

e) Gruppengröße und Moderatorenzahl

Die richtige Gruppengröße ist für eine produktive Moderation in relativ kurzer Zeit (1 1/2 bis 3 Stunden) eine <u>unverzichtbare</u> Bedingung.

Zwei Moderatoren können mit einer Gruppe von maximal 20 Personen eine sinnvolle Diskussion moderieren. Bei mehr als 20 Personen ist nicht gewährleistet, daß wirklich alle an der Diskussion teilnehmen. Eine Grenze nach unten liegt etwa bei sieben bis acht. Personen, darunter wird Moderation unökonomisch (zum Beispiel die Bearbeitung der Themen in Kleingruppen).

Zwei Moderatoren sind sowohl aus technisch-organisatorischen wie auch aus gruppendynamischen Gründen unverzichtbar (siehe Regel 11, Methodenteil, I.B. s.S. 5ff

f) Flächenbedarf

Der Flächenbedarf für einen Markt setzt sich folgendermaßen zusammen:

	Bemessungs-größe	Gesamt-bedarf
a) Marktstand		
Sitzfläche für Teilnehmer (bis 15 Personen im Halbkreis in einer Reihe, bis 20 Personen in zwei Reihen), Stellfläche für die Moderations-tafeln, Abstandsfläche zwischen Teilnehmern und Tafeln, Materialtische	65 qm	
Abstandsfläche als akustische Abschirmung und Verkehrsfläche (notwendig, wenn mehrere Stände in einem Raum)	45 qm	
	110 qm	
b) Gesamtmarkt		
Flächenbedarf je Stand	110 qm	
Flächenbedarf für Plenum o Sitzfläche o Präsentationsfläche	1,2 qm/Person 50 qm	
Getränkeversorgung	10 qm/Stand	
Sekretariat/Tagungsbüro	20 qm	
Materiallager	10 qm	
Hinzu kommen Sitzecken und dergleichen für informelle Kontakte		

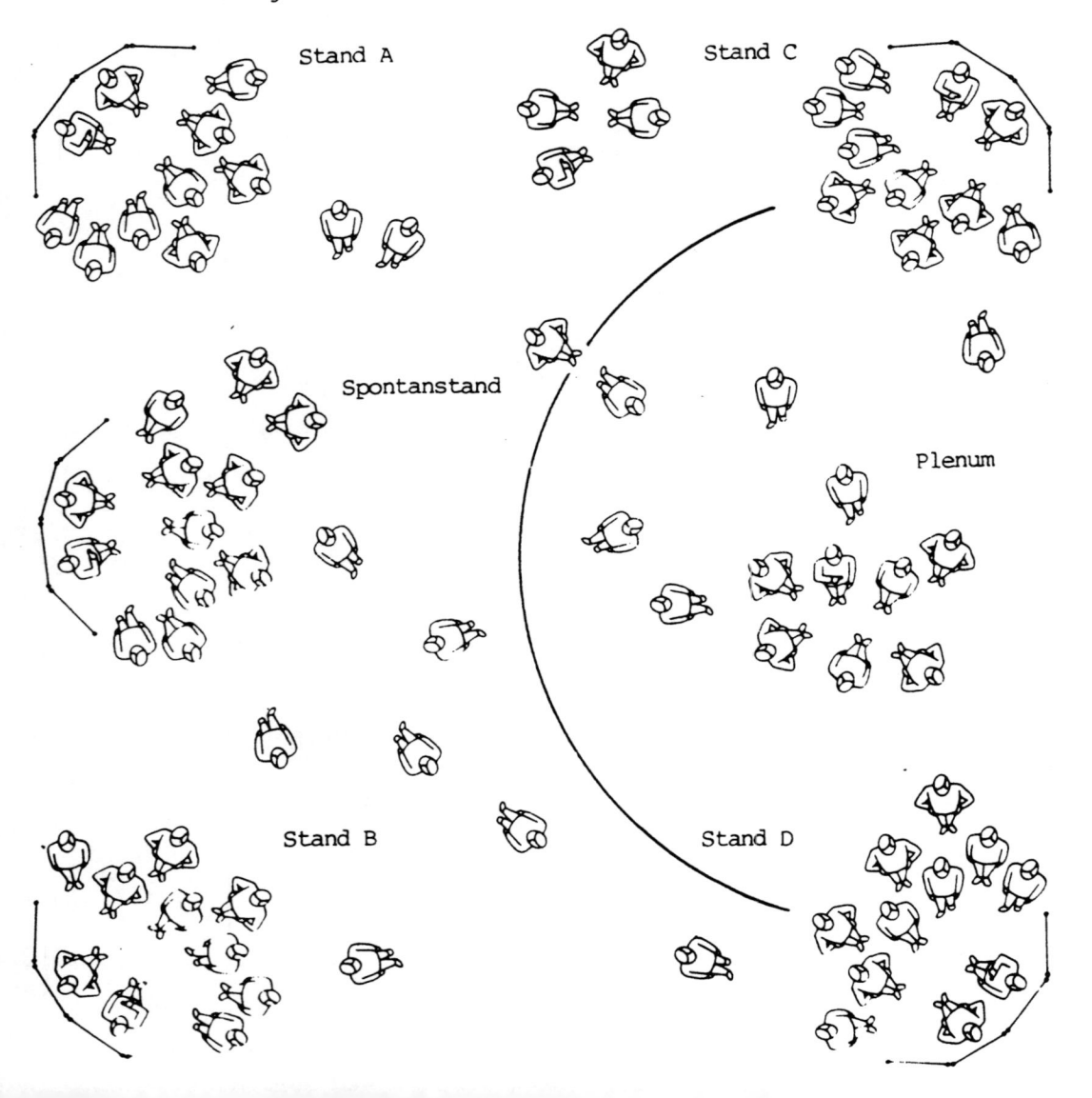

Die beste Marktatmosphäre entsteht, wenn alle Marktstände einschließlich Plenum auf einer großen Fläche untergebracht werden können. Folgender schematischer Grundriß hat sich als vorteilhaft erwiesen:

Stand A

Stand C

Spontanstand

Plenum

Stand B

Stand D

Erfahrungsgemäß wird in den ersten zehn Minuten eine gegenseitige akustische Störung der Stände wahrgenommen. Danach überdeckt das Interesse an dem eigenen Standablauf die Störung und die Teilnehmer haben sich auf den Geräuschpegel eingestellt.

g) Materialcheckliste für moderierte Großveranstaltungen

Von Teilnehmerzahl und Dauer der Veranstaltung abhängig:	Bestellnummer	Anzahl
Packpapier (125 x 150 cm) pro Teilnehmer und Tag 3 Bogen einschl. vorbereitete Plakate für Infobörsen		
Kärtchen (10 x 21 cm) in vier Farben sortiert (weiß, grün, orange, gelb) pro Teilnehmer und Tag 60 Karten		
Scheiben (Durchmesser 20 cm) in vier Farben, insgesamt pro Teilnehmer und Tag 2 Scheiben		
Scheiben (Durchmesser 10 cm) in vier Farben, insgesamt pro Teilnehmer und Tag 20 Scheiben		
Überschriftstreifen (15 x 68 cm) in vier Farben, insgesamt pro Teilnehmer und Tag 2 Streifen		
Filzschreiber (edding Nr. 1) in schwarz pro Teilnehmer und Tag 1 Filzschreiber rot, grün und blau pro Teilnehmer und Tag 0,25 Filzschreiber		
Filzschreiber (edding 800) in vier Farben pro Teilnehmer und Tag 0,25 Filzschreiber		
Klebestifte (Pritt - Bürogröße) pro Teilnehmer und Tag 0,25 Klebestifte		
Klebepunkte (Herma 2251 gelb, 2252 rot, 2255 grün) in drei Farben, insgesamt pro Teilnehmer und Tag 50 Klebepunkte		

Bitte wenden!

Nur von Teilnehmerzahl abhängig		
Stellwände (leicht beweglich, freistehend, Höhe zirka 200 cm, Plattenmaß 125 x 150 cm) je Stand 10 Stellwände Plenum 10 Stellwände		
Papierscheren je Stand 2 Scheren		
Tesakrepp (Breite 30 mm, Länge 30 m) je Stand 1 Rolle		
Markierungsnadeln (6/15 = Kopfgröße/Nadellänge) je Stand 500 Nadeln		

Zu bestellen bei:

h) Marktregie

Die Gesamtplanung und Durchführung eines Marktes ist Aufgabe einer Regiegruppe. Die Regiegruppe sollte aus nicht weniger als zwei und nicht mehr als vier Personen bestehen, die sowohl Kompetenz als Fähigkeiten für die geforderte Aufgabe vereinigen.

Während der Vorbereitungsphase hat die Regiegruppe folgende Aufgaben:

1. Alle notwendigen Vorbereitungsaktivitäten in Gang setzen.

2. Koordination der Aktivitäten und der beteiligten Personen

3. Kontakt zu fördernden und hindernden "Hierarchen" zu halten und zu bepflegen

4. Ergebnisse der Tätigkeiten überwachen.

Anhand folgender Checkliste kann die Regiegruppe ihre Arbeit planen.

● Checkliste für die Regietätigkeiten während der Vorbereitung

1. Abstimmung von Ziel und Absicht des Marktes mit allen Beteiligten (Entscheider, Moderatoren, sonstige Mitwirkende)

2. Gesamtablauf und Zeitplan entwerfen

3. Auswahl und Ausbildung der Moderatoren in Gang setzen

4. Moderatoren während Standerstellung mit Gesamtablaufplan koordinieren (Testläufe)

5. Bei Bedarf (Informationsbörse) Themenklausur, Themenbefragung mit Themenbearbeitung, in Gang setzen und koordinieren

6. Auswahl, Vorinformation und Einladung der Teilnehmer planen

7. Auswahl eines geeigneten Raumes und Planung des Raumes als Moderationsumgebung (Licht, Akustik, Bestuhlung, Ausschmückung etc.)

8. Bereitstellen des Moderationsmaterials (einschließlich Stelltafeln) für Vorbereitung und Durchführung

9. Planung der Unterbringung und Verpflegung der Teilnehmer (Koordinierung mit Hotel)

10. Musikauswahl (Leitthema, Pausenmusik)

11. Abendprogramm konzipieren und vorbereiten

12. Marktführer (Tagungsprogramm) entwerfen und versenden

13. Gestaltung der Schlußveranstaltung

14. Protokollerstellung und Ergebnisauswertung planen

15. Tagungssekretariat planen, Personen auswählen und einstimmen

16. Sonstiges: Namensschilder, Wegweiser, Notfallorganisation

17. Zeitplan und Finanzplan überwachen

● Checkliste für Tätigkeiten während der Durchführung

Während der Durchführung hat die Regiegruppe bzw. ein Hauptbeauftragter der Regiegruppe ("Libero") folgende Aufgaben:

1. (Überwachung des Gesamtablaufs (zeitlich und technisch)

2. Nur im akuten Notfall als Moderator einspringen

3. Beruhigung nervöser Veranstalter

4. Koordination der Moderatoren (Information, Feedback, Änderungen zeitlicher und organisatorischer Art)

5. Gesamtatmosphäre beobachten (Feedback erfragen, tagungsbegleitende Transparenzfragen)

6. Plenumsphasen moderieren oder moderieren lassen

7. Anlaufstelle für Probleme, Konflikte und Notfälle zu sein

Folgende Checkliste soll dem Libero seine Arbeit planen helfen.

● Checkliste für Regietätigkeit während der Durchführung

1. Ankunft und Begrüßung (Kontakt zu begrüßendem Redner) überwachen

2. Methodische Kurzinformationen geben

3. Verteilung auf die Stände in Gang setzen

4. Rückkoppelung mit Hotel bzw. Raumvermieter wegen Technik, Essen etc.

5. Kontakt mit Tagungssekretariat halten

6. Moderatorentreffen zwischen den Standrunden organisieren

7. In Notfällen eingreifen

8. Zeitplan überwachen

9. Informationszentrale sein

10. Plenumsmoderation vorbereiten und mit Moderatoren abstimmen

11. Plenumsmoderation machen oder machen lassen

12. Stimmung der Teilnehmer beobachten und bewußt machen: Tafeln für tagungsbegleitende Transparenzfragen aufstellen, auf sie hinweisen und auswerten

13. Technik koordinieren (Musik, Durchsagen)

14. Sicherung der Arbeitsergebnisse für das Protokoll

15. Bei Bedarf Betreuung des Spontanstandes

i) Marktführer

Der Marktführer ist die Information über Tagungsprogramm und Tagungsorganisation. Er soll alles enthalten, was die Teilnehmer zu ihrer Einstimmung vorher und zu ihrer Orientierung während der Tagung wissen sollten:

1. Absicht und Ziel des Marktes (Folgeaktivitäten)

2. Tagungsort, Lageplan der Stände

3. Tagungszeiten, -ablauf

4. Kurzinformationen über Tagungsmethode und Moderatoren

5. Rahmenorganisation (Hotel, Essen, Abendgestaltung, An- und Abreise)

6. Bei Informationsbörsen das Themenangebot

7. Notfallorganisation (Telefon, Arzt etc.)

Der Tagungsführer soll im Aufbau und Layout der bei der Tagung angewandten Methode der Moderation entsprechen. Er sollte den Teilnehmern rechtzeitig zugesandt werden und ein handliches Taschenformat haben.

j) Musik

Musik während eines Marktes kann folgende Aufgaben haben:

1. Standbeginn und Standende ankündigen

2. Pausenatmosphäre schaffen

3. Rahmenprogramm gestalten

<u>Zu 1)</u> Mit einem einfachen, eingängigen musikalischen Thema wird das Signal gegeben, sich an den Ständen einzufinden und sich wieder auf die Arbeit zu konzentrieren. Eine zwei- bis dreimalige Wiederholung des Themas verbunden mit einer verbalen Durchsage erhöht den Effekt und schafft schon beim zweiten Mal die Assoziation "Jetzt geht's los". Das Motiv oder Leitthema kann auch das Standende signalisieren. Fünf Minuten vor Standende wird es leise eingespielt und kündigt damit an: "In fünf Minuten ist Schluß". Das erleichtert es der Gruppe und den Moderatoren, sich auf das Ende einzustellen. Am Ende der Zeit wird es noch zweimal wiederholt, um das Ende zu markieren und es auch den eifrigsten Diskutanten zu ermöglichen, den Übergang zur Pause zu finden.

<u>Zu 2)</u> Während den Pausen unterstützt eine leise, nicht allzu hektische Musik die Atmosphäre, in der informelle Kontaktaufnahme, Umherschlendern, sich mit Getränken versorgen und erholen geschehen kann.

<u>Zu 3)</u> Das Rahmenprogramm, etwa am Abend oder am Ende eines Markttages, kann durch ein gezieltes Musikprogramm gestaltet werden. Eine Band, die "ankommt" - was ankommt hängt von der Zielgruppe ab -, oder ein musikalisches Kabarettprogramm, das sich vielleicht sogar in humorvoller Weise auf den Tag bezieht, kann die Stimmung der gemeinsam geleisteten Arbeit und damit auch der gemeinsam verdienten Entspannung verstärken. Dabei können auch angestaute Energien befreit werden, so daß sie nicht den nächsten Tag belasten.

k) Essen und Trinken

Für Essen und Trinken können wir bestimmte allgemeine Empfehlungen geben, die wir aus Erfahrung gelernt haben.

Die üblichen Pausengetränke (Kaffee, Tee, Säfte) sollten leicht und dezentral erreichbar sein. Also keine langen Wege, keine zentrale Ausgabe für 120 Personen, die mit stressendem Anstellen verbunden ist oder womöglich mit komplizierten Abrechnungsverfahren.

Das Mittagessen, das meist zwischen zwei Standabläufen eingenommen wird, sollte leicht sein - mehr wie ein "Imbiß" -, sollte Kommunikation ermöglichen, nicht zu lange dauern, also noch Zeit lassen für eine wirkliche Entspannungspause (Spaziergang etc.)

Das Abendessen kann reichlicher sein und länger dauern, da nun das Bedürfnis nach Gespräch und Austausch sehr groß ist.

Bei beiden Mahlzeiten hat sich das Büffet mehr bewährt als das meist sehr zeitraubende und umständliche Servieren der Speisen. Ferner sind 4er- bis 6er-Tische (vor allem rund) langen schmalen Tafeln der breiteren Kommunikation wegen vorzuziehen.

l) Erholung und Entspannung

Rekreation von Geist und Körper ist genauso wichtig wie Arbeit. Nur wenn zielgerichtete Diskussion mit ausreichend informeller Kommunikation vorhanden ist, wird sie wirksam. Rekreation ist der "Verdauungsprozeß" für Geist und Seele. So wie der Körper nicht aufnahmefähig für Neues ist, wenn Altes nicht verdaut ist, so wie Nahrung erst in Energie umgesetzt werden muß, damit sie Sinn hat, so muß auch der Geist Aufgenommenes verdauen und umsetzen, bevor er sich wieder Neuem zuwenden kann.

So wie es keinen Sinn hat sich vollzustopfen, nur weil's gerade was zu essen gibt, so hat es auch keinen Sinn, sich geistig und emotional vollzustopfen, nur um die Zeit zu nutzen. Effektiv sein heißt keineswegs, sich mit Arbeit zu "überfressen".

Erholung und Entspannung während des Marktes hat den Sinn

- durch wechselnde Tätigkeit,

- durch Wechsel der Umgebung,

- durch Wechsel zwischen Ruhe und Aktivität,

die geistige Verdauung zu ermöglichen und zu fördern.

Dafür ist es hilfreich:

- die räumliche Umgebung so angenehm wie möglich zu gestalten;

- für einen ausgewogenen Rhythmus zwischen Arbeit und Freizeit während des Marktes zu sorgen;

- durch ein Entspannungsangebot alternative Tätigkeiten zu stimulieren;

- Essen und Trinken erholsam zu gestalten;

- durch räumliche und zeitliche Umstände das informelle Gespräch zu fördern;

- Zeit für individuelle Erholung zu lassen;

- durch gemeinsame Rekreation das Gruppenarbeitsergebnis zu fördern und zu intensivieren. (Dafür eignet sich besonders die Abendveranstaltung, die auf Interessen und Vorlieben der Teilnehmer eingehen und eine gemeinsame Verarbeitung der Tageserlebnisse ermöglichen sollte.)

m) Tagungsbegleitende Transparenzfragen

Tagungsbegleitende Transparenzfragen (siehe II.C.5.b)) haben den Sinn

1. Unzufriedenheit und Zufriedenheit während der Arbeit abzufragen,

2. Feedback für Arbeitsweise und Arbeitsinhalt zu bekommen, um die Moderation an den Bedürfnissen der Teilnehmer zu orientieren.

Solche Fragen können zum Beispiel sein:

Von dieser Veranstaltung erwarte ich mir ...

Ich befürchte, daß hier ...

Mich freut, daß hier ...

Mich stört, daß hier ...

> Was hier unbedingt noch zur Sprache kommen sollte ...

3. Eine weitere wichtige Aufgabe ist die gemeinsame Schlußabfrage. Sie gibt noch einmal dem Teilnehmer Gelegenheit, sich über seine Einschätzung der Tagung bzw. des Tages bewußt zu werden und seine Meinung auszudrücken. Für die Moderatoren kann das Resultat ein wertvoller Hinweis für die Folgearbeit sein (wieviel Energie ist vorhanden, welche Chancen und Widerstände empfinden die Teilnehmer usw.).

Folgende Fragen sind geeignet:

Stelltafeln mit diesen Fragen werden an nicht zu unbequemen Orten aufgestellt. Karten und Filzstifte sollten daneben greifbar sein. Durch Hinweise im Anfangs- und Zwischenplenum und durch Durchsage sollten die Teilnehmer angeregt und aufgefordert werden, sich dieses Hilfsmittels zu bedienen.

Es ist wichtig, die Antworten, die gegeben werden zur Kenntnis zu nehmen und gegebenenfalls darauf zu reagieren. Wenn die Antworten ignoriert werden, reagieren die Teilnehmer darauf sehr schnell enttäuscht und ignorieren dann ihrerseits die Tafeln.

> Wie zufrieden sind Sie mit dem Arbeitsergebnis?

sehr zufrieden	zufrieden	weniger zufrieden	unzufrieden

Wie zufrieden sind Sie mit dem Ablauf?

sehr zufrieden	zufrieden	weniger zufrieden	un- zufrieden

Wie sehen Sie die Chancen für die Weiterarbeit an?

Sehr gut	gut	Weiß noch nicht	schlecht	Sehr schlecht

Wie zufrieden sind Sie mit der Veranstaltung?

sehr zufrieden	zufrieden	weniger zufrieden	un- zufrieden

Was sollten wir bei einer nächsten Tagung anders machen?

Wieviel Ihrer Arbeitszeit wollen Sie in die Weiterbearbeitung der Probleme investieren?

100%

50%

0%

Auch diese Fragen sollten so sichtbar und zentral aufgestellt werden, daß jeder Teilnehmer an ihnen vorbei muß. Außerdem sollten die Tafeln im Schlußplenum vorgestellt werden und um ihre Beantwortung gebeten werden.

n) Spontanstand

▶ Sinn und Aufgabe

Besonders bei Informationsbörsen, deren thematischer Rahmen vorher festgelegt ist, entsteht unter den Teilnehmern häufig das Bedürfnis, auch aktuelle Themen diskutieren zu können. Solche Themen können sein:

● wichtige Themen, die von den Veranstaltern - bewußt oder unbewußt - ausgeklammert wurden;

● Themen, die in allerjüngster Zeit starke Bedeutung gewonnen haben;

● Themen, die sich aus den in den Ständen diskutierten Diskussionszusammenhängen neu entwickelt haben.

Für diese Themen muß eine Diskussionsmöglichkeit in einem Spontanstand geschaffen werden. Zum einen besteht dadurch die Möglichkeit, auch in sehr stark vorstrukturierten Veranstaltungen Raum für Spontaneität zu geben. Zum anderen können die Themenstände "entlastet" werden von aktuellen Problemen, die nicht zur Sache gehören. Schließlich sind diese Themen, die für den Spontanstand gefunden werden, wichtige Hinweise auf Probleme, die die Teilnehmer tatsächlich bewegen.

Auch bei Diskussionsmärkten, die sich ja durch ein sehr viel höheres Maß an Spontaneität auszeichnen, können Spontanstände sinnvoll sein. Sie erlauben es Minderheiten, die ihre Interessen bei der Themenauswahl nicht durchsetzen konnten, dennoch ihre Probleme zu diskutieren.

▶ Ablauf

a) Themenfindung

Themen eines Spontanstandes können folgendermaßen gefunden werden:

● Randthemen aus anderen Ständen, die dort nicht (ausreichend) diskutiert werden konnten

● Anmeldungen von einzelnen Teilnehmern

● Themensammlungen mit Hilfe einer Stichwortfrage

● Ergebnisse einer tagungsbegleitenden Transparenzfrage (siehe III.A.5.m)

b) Ablauf eines Spontanstandes

Ein Spontanstand wird entweder zu einem "heißen" Thema ausgerufen (über Lautsprecher oder durch visualisierte Ankündigung auf der Außenseite eines Spontanstandes) und/oder durch eine Stichwortfrage mit den Teilnehmern, die sich im Spontanstand versammelt haben, eröffnet. Der Moderationsablauf ist der gleiche, wie wir ihn als Standablauf für einen Diskussions-Stand vorschlagen (siehe III.A.3., S. 181ff

c) Moderatoren eines Spontanstandes

Die Moderatoren können aus der Regiegruppe kommen (Libero). Bei firmeninternen Veranstaltungen hat es sich als vorteilhaft erwiesen, für diesen Zweck externe Moderatoren einzusetzen, da spontane Themen häufig Konfliktthemen in einem Unternehmen sind, in die sich die internen Moderatoren leicht verhaken können.

d) Nachbereitung

In das Protokoll wird der Spontanstand genauso aufgenommen wie die Themenstände. In gleicher Weise muß auch geprüft werden, wie diese Probleme und Lösungsansätze weiter bearbeitet werden können. Auch bei der Abschlußpräsentation im Plenum darf der Spontanstand nicht vergessen werden.

o) Plenumsveranstaltungen

Bei moderierten Großveranstaltungen ist meist auch ein wichtiges Ziel, den Teilnehmern das Zugehörigkeitsgefühl zu einer Gruppe zu vermitteln (Wir-Gefühl, Corps-Geist). Dazu ist es notwendig, der gesamten Gruppe (Plenum) ein Forum zu bieten.

Zu Beginn sollte allen Teilnehmern eine Information über die Ziele und den Ablauf zur Einstimmung auf die Veranstaltung gegeben werden. Für den Start ist es wichtig, die Teilnehmer nicht durch zu lange Plenumsphasen in eine Konsumhaltung zu versetzen, die in den Diskussions-Ständen dann nur schwer wieder aufgehoben werden kann.

Zwischen einzelnen Standrunden lassen sich - je nach Dauer der Gesamtveranstaltung - ebenfalls kurze Zwischenberichte im Plenum einbauen. Sie können dazu beitragen, daß in darauffolgenden Runden an den jeweiligen Themen auf die Ergebnisse der vorhergehenden Runden aufgebaut werden kann.

Zum Abschluß sollte in jedem Fall das Gesamtplenum noch einmal zusammenkommen, um entweder Folgeaktivitäten einander vorzustellen oder über den Ablauf der Tagung die Erfahrungen auszutauschen.

p) Protokoll

Wenn die Veranstaltung nicht nur der Unterhaltung der Teilnehmer oder als Alibi für die Veranstalter dienen soll, müssen die Diskussionsergebnisse dokumentiert werden. Dazu bietet sich das Simultanprotokoll an (siehe II.C.9.b) - Simultanprotokoll als Abschlußprotokoll).

Die Zusammenstellung des Protokolls sollte von den Moderatoren der einzelnen Stände mit der Regiegruppe zusammen vorgenommen werden. Es hat sich bewährt, daß die jeweiligen Moderatoren eine kurze Zusammenfassung auf ein bis zwei DIN A 4-Seiten vor den Fotokopien ihrer Standplakate vorschalten. Darin kann der Standablauf sowie eine Kurzdarstellung der wichtigsten Ergebnisse und der Folgeaktivitäten aufgenommen werden. Für die Bearbeitung und Koordination der Folgeaktivitäten kann die Bildung einer Projektgruppe sinnvoll und notwendig sein.

Das Protokoll sollte spätestens sechs Wochen nach Ende der Veranstaltung den Teilnehmern zur Verfügung stehen.

q) Planung einer Tagung

◆	Entscheidung über die Durchführung einer Veranstaltung
Ziele:	Festlegen der Ziele der Veranstaltung
Fragebogen oder Klausur	Themenfindung
◆	Entscheidung über ein Tagungsmodell

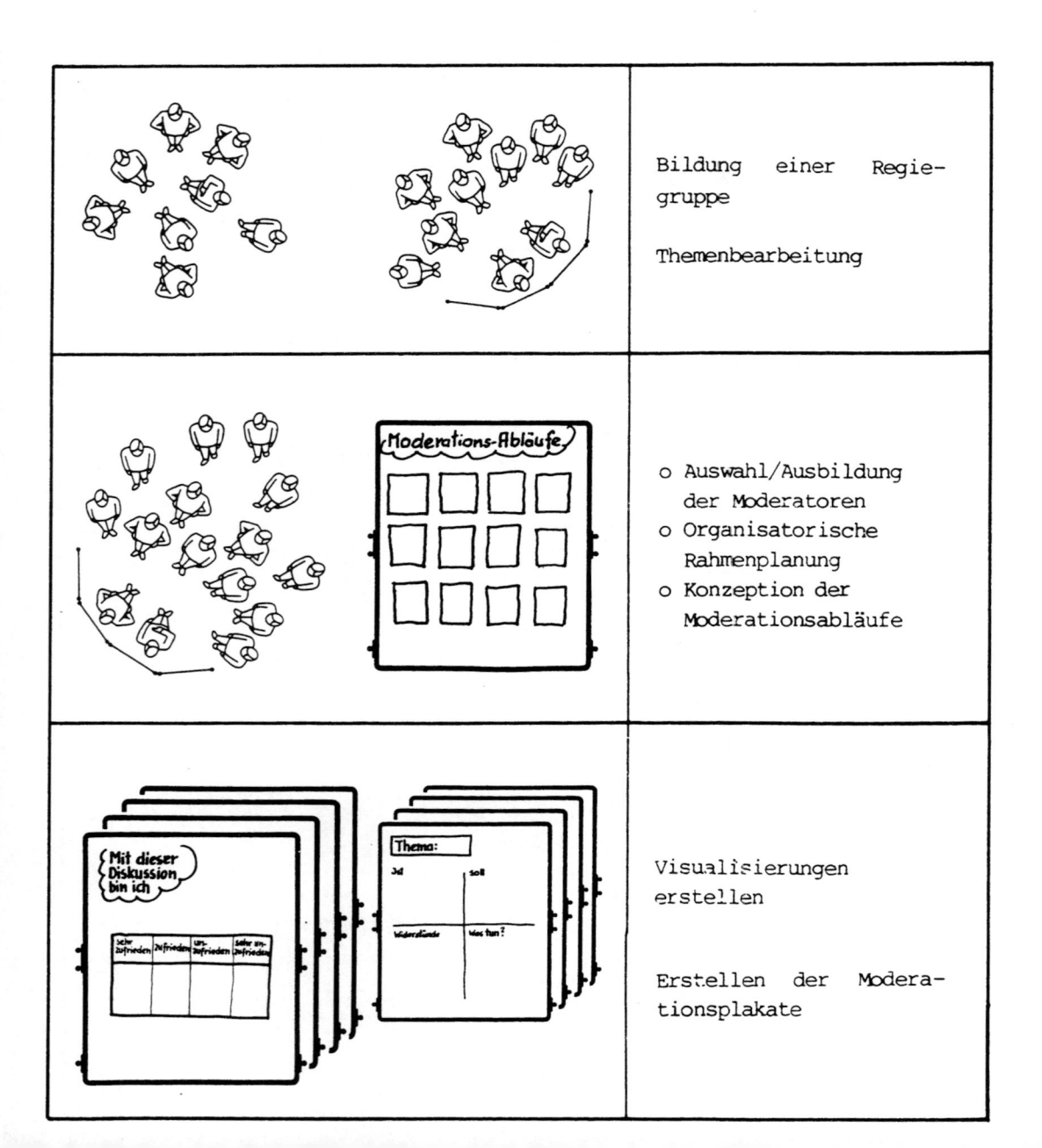

(illustration of groups of people)	Bildung einer Regiegruppe Themenbearbeitung
(illustration of group with Moderations-Abläufe board)	o Auswahl/Ausbildung der Moderatoren o Organisatorische Rahmenplanung o Konzeption der Moderationsabläufe
(illustration of moderation posters)	Visualisierungen erstellen Erstellen der Moderationsplakate

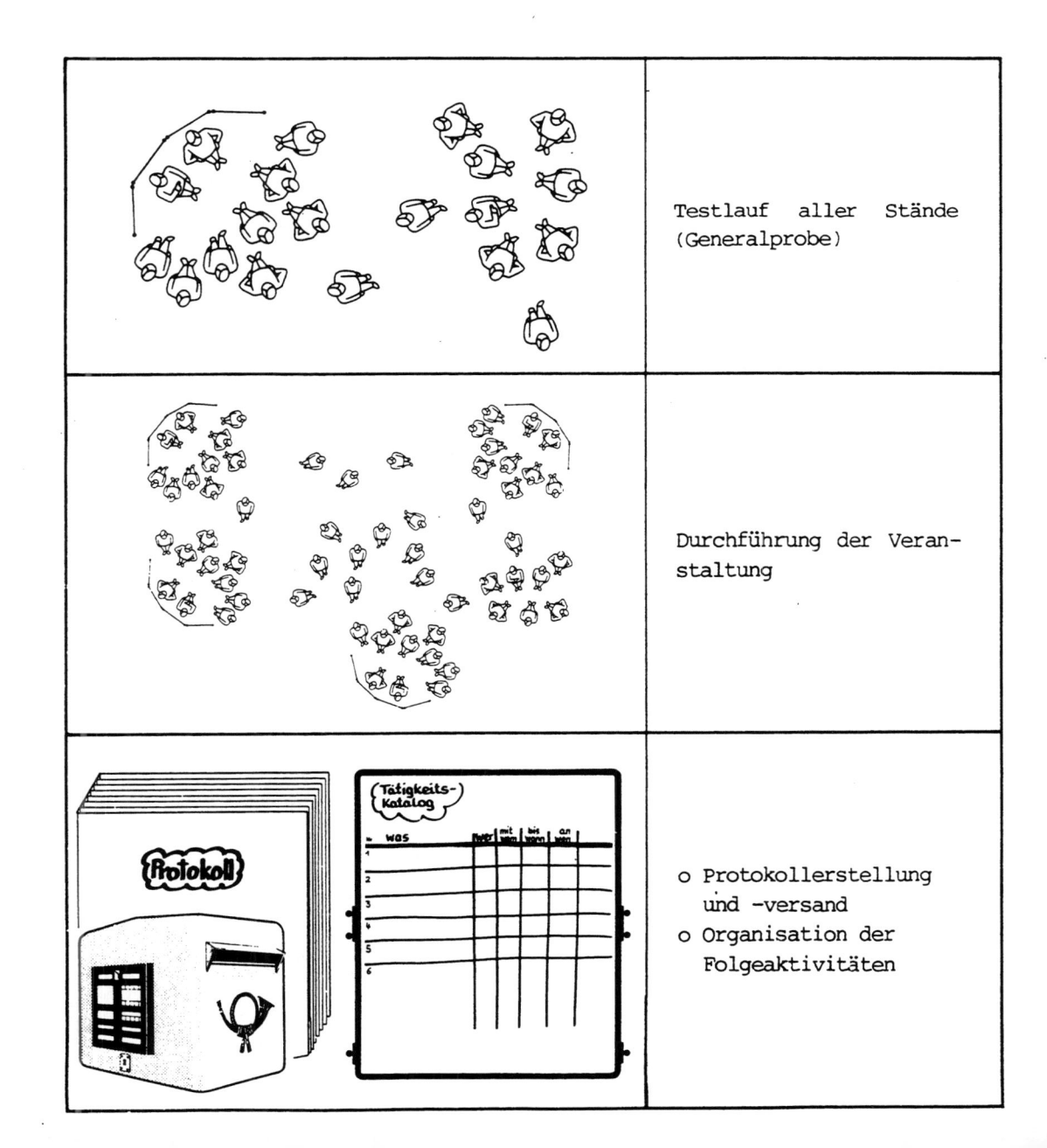

(illustration of people gathering)	Testlauf aller Stände (Generalprobe)
(illustration of crowd)	Durchführung der Veranstaltung
(illustration of Protokoll and Tätigkeits-Katalog)	o Protokollerstellung und -versand o Organisation der Folgeaktivitäten

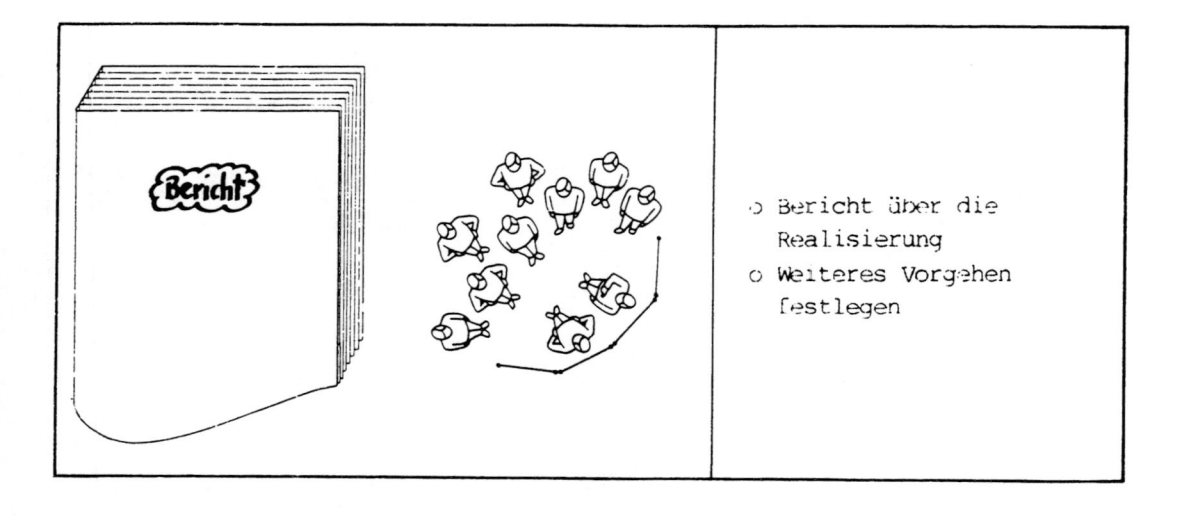

o Bericht über die
  Realisierung
o Weiteres Vorgehen
  festlegen

B. Konferenzmoderation

Ein weiteres Anwendungsfeld für die ModerationsMethode sind Konferenzen und Besprechungen.

In allen Situationen, in denen die Konferenzteilnehmer ihr Fachwissen tatsächlich zur gemeinsamen Problemlösung einbringen sollen und nicht nur zum Nachvollziehen der Meinung des einladenden Diskussionsleiters gebraucht werden, eignen sich einzelne Elemente der ModerationsMethode.

Je nach Themen und Dauer der Konferenz können unterschiedliche Methoden eingesetzt werden (siehe II. c.). Für alle Konferenzen eignen sich auf jeden Fall die Visualisierung des Diskussionsverlaufs und die Frage- und Antwortmethode als Hilfe zur Konferenzleitung.

Der Konferenzleiter hat die Themen und Probleme, die aus seiner Sicht besprochen werden sollten auf Karten stichwortartig vorbereitet. Er stellt sie vor und fragt die Teilnehmer nach weiteren Themen, die in der Konferenz ebenfalls besprochen werden sollten.

Danach legt er mit der Gruppe die Reihenfolge fest, indem er die Karten entsprechend untereinander in die Themenspalte hängt. Anschließend werden für jedes Thema die "Wer"-Spalte und die "Zeit"-Spalte ausgefüllt.

In der "Wer"-Spalte sollte ein Teilnehmer stehen, der - nach Möglichkeit mit einer Visualisierung - kurz in das Thema einführt.

▶ Durchführung

Der Konferenzleiter sollte zu Beginn die Tagesordnung mit den Teilnehmern zusammen konkretisieren.

In der "Zeit"-Spalte sollte die Zeit notiert werden, die für dieses Thema in der Konferenz voraussichtlich gebraucht wird. Wenn die Summe aller Zeiten über die Gesamtzeit hinausgeht, müssen entweder einzelne Zeiten gekürzt oder Themen herausgenommen werden.

In der "Bemerkungen"-Spalte können die Diskussionsergebnisse, weitere Bearbeitungsschritte oder Entscheidungen festgehalten werden.

Der Vorteil dieser Vorgehensweise besteht darin, daß der Konferenzablauf von allen mitentschieden wird, der Ablauf transparent ist und von allen auf die Zeiteinhaltung geachtet werden kann.

In den einzelnen Themendiskussionen lassen sich - je nach Situation - verschiedene Frage- und Antwortmethoden einsetzen.

C. Einsatz von Moderation in Lernveranstaltungen

Lernveranstaltungen - also Seminare, Trainings, Schulungen usw. - sind neben dem Einsatz bei Problemlösungs-Prozessen heute das wichtigste Anwendungsfeld der Moderation. Einige didaktische Probleme, die alle Seminarleiter und Trainer lösen müssen, sind:

o Wie beteilige ich die Teilnehmer aktiv am Lerngeschehen?

o Wie kann ich die Lerninhalte den konkreten Lernbedürfnissen der Teilnehmer angleichen?

o Wie sichere ich, daß das Erlernte in die Praxis umgesetzt werden kann?

o Wie nutze ich das vorhandene Wissen und die Erfahrungen einzelner Teilnehmer für den Lernprozeß?

o Wie stelle ich ein gutes Lernklima her?

o Wie konzentriere ich die Teilnehmer auf den Lernstoff?

Als gruppenzentrierte Methode ist die Moderation besonders geeignet, Teilnehmer aktiv am Geschehen zu beteiligen. Der Vorteil gegenüber anderen Aktivierungstechniken liegt darin, daß die Moderation von den inhaltlichen Erwartungen und den Lernbedürfnissen der Teilnehmer ausgeht. Die Teilnehmer werden also nicht mit "Tricks" bei der Stange gehalten, sondern können ihr Interesse an den Lernzielen und Lerninhalten unmittelbar einbringen.

Die Methoden der Erwartungsfrage und der Problemsammlung und -strukturierung erlauben es dem Seminarleiter, seine Inhalte und Ziele auf die aktuellen Bedürfnisse der Teilnehmer abzustimmen. Dadurch wird nicht nur eine höhere Lernmotivation erreicht, auch der Lernerfolg erhöht sich durch die engere Beziehung von Lerninhalt und dem Erfahrungshintergrund der Teilnehmer.

Besonders Teilnehmer, die nur selten Seminare besuchen, haben die Schwierigkeit, sich über längere Zeit zu konzentrieren. Mehrkanalige Informationsweitergabe durch Visualisierung durch die Teilnehmer und den Seminarleiter sowie der ständige Wechsel verschiedener Arbeitsformen - Plenum, Kleingruppenarbeit, Spiele, Transparenzfragen - verhindern die Ermüdung der Teilnehmer.

Besonderen Wert legen wir darauf, daß auch Lernveranstaltungen immer mit Überlegungen zum Transfer der Ergebnisse in die Praxis enden. In vielen Seminaren eignet sich dazu der Tätigkeitskatalog. Er stellt das Bindeglied zwischen dem Seminar und der Praxis her. In mehr verhaltensorientierten Seminaren setzen wir den Verhaltenskatalog zum Abschluß ein, der es jedem Teilnehmer ermöglicht, sich sein individuelles Transferprogramm zu erstellen. Viele Probleme der Erfolgskontrolle, die in der Bildungsdiskussion eine große Rolle spielen, reduzieren sich damit, da der Betroffene selbst seinen Lernerfolg ohne weiteres abschätzen kann.

Viele dozentenorientierte Seminare gehen davon aus, daß - um es salopp auszudrücken - alle Teilnehmer dumm sind und nur der Dozent klug ist. Daß die Teilnehmer auch voneinander lernen können, kommt den wenigsten Dozenten in den Sinn. Durch einen Erfahrungsaustausch in Kleingruppen, durch die Aufbereitung von Lerninhalten von Teilnehmern für Teilnehmer wird das Seminar nicht nur methodisch aufgelockert, sondern die Teilnehmer selbst finden meist eine einfachere Sprache und praxisbezogenere Beispiele als ein Dozent.

Und nicht zuletzt ist die Erfahrung, die ein Teilnehmer einbringt, häufig überzeugender als ein rhetorisch brillanter Vortrag eines Dozenten.

Insbesondere mit Hilfe der Transparenzfragen und mit Kommunikationsübungen wird das Lernklima offengelegt und beeinflußt. Dies ist ein Aspekt, der besonders in wissensorientierten Seminaren meist unterbewertet wird. Tatsächlich ist aber ein gutes Lernklima für jeden Lernprozeß eine entscheidende Voraussetzung. In dem Maße, in dem Teilnehmer die Instrumente zur Beeinflußung des Lernklimas selbst in die Hand bekommen, können sie Verantwortung für ihren Lernprozeß übernehmen.

Damit ist aber eine der wesentlichen Voraussetzungen für den individuellen Lernerfolg gegeben.

Ein entscheidender Unterschied zwischen dem Moderator und dem Seminarleiter oder Trainer muß allerdings beachtet werden. Während der Moderator inhaltlich neutral bleibt, die Informationseingabe den Teilnehmern überläßt, ist der Trainer Experte auf seinem Fachgebiet, muß also beurteilen, was richtig und was falsch ist. Innerhalb moderierter Lernveranstaltungen wechselt ein Trainer ständig diese Rollen. Er muß sehr genau darauf achten, daß er immer dann, wenn er mit Hilfe der ModerationsMethode die Aktivität an die Teilnehmer übergibt, in die Rolle des neutralen, nicht bewertenden Moderators schlüpft. Viele Mißverständnisse der

Moderation als einer Manipulationstechnik kommen daher, daß Moderatoren diese beiden Rollen nicht sauber getrennt haben.

Ablauf einer Lernveranstaltung

Anwärmen	Problem-orientierung	Inhalte vermitteln	Inhalte verarbeiten	Handlungs-orientierung
gemeinsames Essen	Karten Frage	Vortrag Referat	Lehrgespräch	Arbeitsregeln erarbeiten
Stimmungsfrage	Zuruf-Frage	Lehrgespräch	Plenumsdiskussion	Tätigkeits-katalog
Erwartungsfrage	Themensammlung	Bücher Arbeitsblätter	Tests	Transfer-strategien
Draw-in	Kleingruppen	Einzelarbeit	Einzelaufgaben lösen lassen	Feedback-Fragen
Graffiti	Zweiergruppen	Fallstudien	Kleingruppen	Bildung von Projektgruppen
Ankomm-Meditation	Rollenspiele	Programm-unterweisung	Fallstudien	
small talk	Filme	Tests	Planspiele	
Kennlern-Spiele		Dias	Rollenspiele mit/ohne Video	
Gruppenspiegel		Tonbildschau		
Steckbrief		Video Film		
Interview		Plakat		
Mein Platz in der Landschaft				

Ablaufplanung einer Lernveranstaltung

Inhalt	Technik	Plakat/ Folie...	Zeit	Wer
Anwärmen				
"Wie sind Ihre Erwartungen"	Karten-Frage	1	10 Minuten	
oder				
"Spaß/Erfolg"	Ein-Punkt-Frage			
Problemorientierung	Flip-Chart oder Plakat			
Problemsammlung	oder Folie	2	5 Minuten	
Inhalte vermitteln				
Referat mit visualisierten Themen	Lehrgespräch mit Folien	Folien 3-10	15 Minuten	
Welche Fragestellungen sind daraus abzuleiten	Zuruf-Frage	Plakat 11	5 Minuten	
Bewertung der "wichtigsten"	Mehr-Punkt-Bewertung	Plakat 11	5 Minuten	
Inhalte verarbeiten				
Bearbeitung der "wichtigsten" Themen/Fragen in Kleingruppen	Kleingruppen: zum Beispiel Problembeschreibung Lösungsansätze weiterführende Fragen Widerstände			
Präsentation der Kleingruppenergebnisse				
Handlungsorientierung				
Transfer-(Umsetzungs-)Hilfen	Einzelarbeit			
Tätigkeitskatalog				
Gruppenstimmung				

D. Grenzen der Moderation

D. Grenzen der Moderation

Wir werden immer wieder nach den Grenzen der Moderation gefragt. Deshalb wollen wird anhand von drei Schemata versuchen, ein Hilfsmittel für das Erkennen der Grenzen an die Hand zu geben. Zu bemerken ist, daß es keine festen, ein für allemal festliegenden Grenzen gibt, sondern nur Erfahrung, wo Moderation bisher nicht anwendbar war, oder wo sie zu aufwendig ist. Es mag die Aufgabe jedes einzelnen sein, für sich die Grenzen so weit wie möglich, oder so eng wie notwendig zu setzen.

Es gibt mehr oder weniger für die Moderation geeignete Situationen, die sich mit Hilfe des folgenden Schemas verdeutlichen lassen:

► 1. Führungsentscheidung

Sie muß schnell erfolgen, weil es "brennt". Dazu ist die organisierte Hierarchie das beste Hilfsmittel und es soll der entscheiden, der die Verantwortung zu tragen hat. Das Motto dafür lautet: "S.P.F. - schnell, präzise und falsch." Für Moderation ist keine Zeit.

► 2. Delegation

Wenig zu verarbeitende Information

	Abstand zur Handlung	
	kurz	lang
Zu verarbeitende Information wenig	Führungsentscheidung -- Moderation	Delegation - Moderation
viel	Konferenzentscheidung + Elemente der Moderation	Planungsentscheidung ++ Moderation

und ein langer Abstand zur Handlung heißt, daß die Kriterien für die jeweilige Entscheidung, der Spielraum festgelegt werden kann, weil es relativ einfache Muster der Lösung gibt (alle Bestimmungen, Verordnungen etc.), und dann kann die jeweilige Durchführung delegiert werden. Moderation bringt wenig, weil das Problem nicht komplex ist und nicht drängt.

▶ 3. Konferenzentscheidung

Ein kurzer Abstand zur Handlung, aber ein sehr schwieriges Problem legen die Anwendung der Moderation als Konferenztechnik nahe. Viele Menschen sollen ihr Wissen eingeben, es soll schnell Übersicht über die Entscheidungsmöglichkeiten und ihre Auswirkung hergestellt werden, die Verantwortung sollte eine Gruppe von Menschen übernehmen können.

▶ 4. Planungsentscheidung

Das ist das eigentliche Feld der moderierten Problemlösung. Zeit ist vorhanden, viel Information muß verarbeitet werden, um eine nach allen Richtungen hin tragfähige Konzeption zu entwickeln.

Diese vier Entscheidungssituationen bilden ein Hilfsmittel, mit dem der

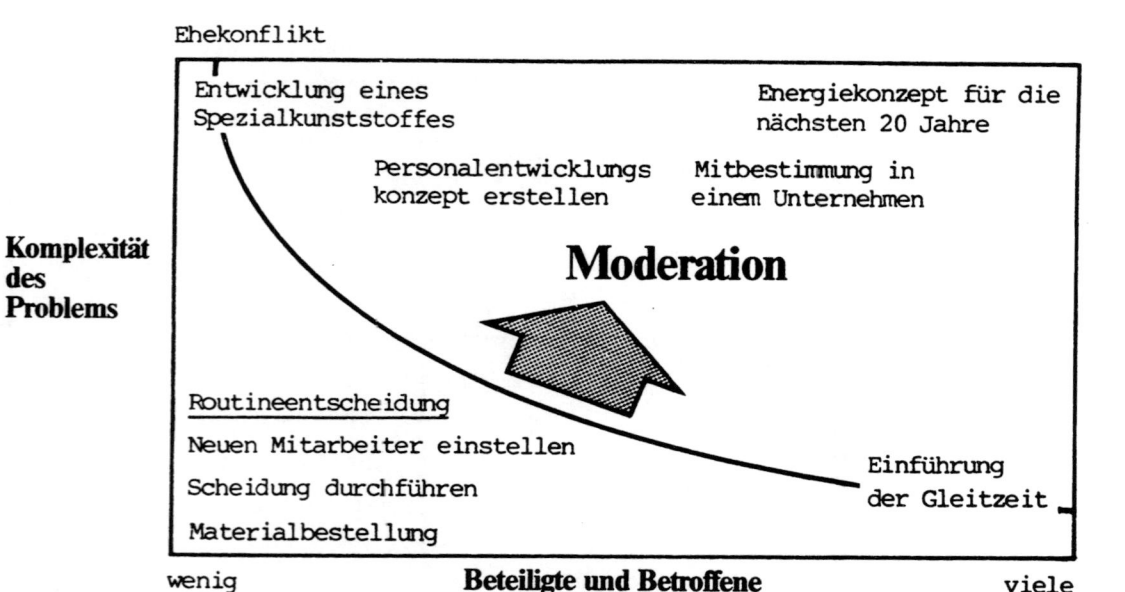

Komplexität des Problems

Ehekonflikt

Entwicklung eines Spezialkunststoffes

Energiekonzept für die nächsten 20 Jahre

Personalentwicklungskonzept erstellen

Mitbestimmung in einem Unternehmen

Moderation

Routineentscheidung
Neuen Mitarbeiter einstellen
Scheidung durchführen
Materialbestellung

Einführung der Gleitzeit

wenig   **Beteiligte und Betroffene**   viele

Moderator die gegebene Moderationssituation analysieren kann.

▶ Das Problem

Die Frage, ob ein Problem zu moderieren sich lohnt, kann man durch die Einordnung in das Koordinatenfeld der vorhergegangenen Seite testen.

Die Voraussetzung für Moderation ist eine bestimmte Komplexität des Problems, das heißt: die Unüberschaubarkeit der Einflußfaktoren, die Menge der Schwierigkeiten und zu überwindenden Widerstände, die Vielzahl der möglichen Lösungen, der Bedarf an kreativen Ideen.
Kombinieren muß ich diese Komplexität mit der Anzahl der Beteiligten (an der Entscheidung mitwirkend) und Betroffenen (von der Entscheidung), da Moderation ja auch die geeignete Methode ist, viele Menschen in das Gespräch miteinzubeziehen.

Ist die Komplexität des Problems hoch, ist Moderation auch sinnvoll, wenn nur wenige Menschen beteiligt sind. Ist die Komplexität niedrig, aber sehr viele Menschen müssen einbezogen werden, ist Moderation aus diesem Grund sinnvoll. Hingegen, wenn die Komplexität zu gering ist und wenige Menschen betroffen sind, gibt es weniger zeitaufwendige und einfachere Methoden, das Problem zu lösen.
Dieses Schema ist also ein Hilfsmittel, um herauszubekommen, ob sich Moderation lohnt.

▶ Die Gruppe

Um zu erkennen, ob eine Gruppe moderierbar ist, kann man sie nach folgender Agressionsskala einordnen:

```
100 %                Krieg
                     Parteien im Wahlkampf

                     Verhandlung
                     (Tarifverhandlungen)

Aggression           Kooperation                    Moderation
                     "Entwicklerteam"

                     Folgenlose Diskussion
                     "Universtätsseminar"

                     Konfliktlose Unterwerfung
  0 %                "Onkel Tom"
```

► 1. Krieg

Wenn Menschen mit verbalen oder wirklichen Waffen miteinander kämpfen und die Problemlösung nur Sieg oder Niederlage heißen kann, ist Moderation als Akt der Gemeinsamkeit nicht möglich.

► 2. Verhandlung

Wenn zwei Parteien zwar nicht mehr sich totschlagen, aber doch um Positionen miteinander kämpfen, geht es ebenfalls um Gewinn oder Verlust, allenfalls um ein Patt. In dieser Phase kann Offenheit nur schaden, und eine gute Taktik ist der einzige Trumpf; verschleiern, pokern, den Gegner austricksen ist der Moderation geradezu entgegengesetzt.

► 3. Kooperation

Das ist das Feld der Moderation. Die Menschen können sich zwar uneins sein, haben aber erkannt, daß sie grundsätzlich ein gemeinsames Interesse an der Problemlösung haben. Dann ist Moderation die geeignete Methode, um die Menschen in ein Gespräch miteinander zu bringen.

► 4. Folgenlose Diskussion

Zustand, in dem die Menschen keinen gemeinsamen Handlungsimpuls haben. Sie erörtern Themen und Probleme theoretisch, ohne an eine praktische Konsequenz zu denken.

► 5. Konfliktlose Unterwerfung

Konfliktlose Unterwerfung ist der Zustand, in dem Menschen überhaupt keinen eigenen Handlungsspielraum haben, weil sie in einem totalen Abhängigkeitsverhältnis leben.

Grundsätzlich ist der Agressionspegel identisch mit der vorhandenen Handlungsenergie. Wenn zuviel "Dampf" da ist, explodiert die Energie (Krieg), wenn zu wenig da ist, fehlt die Kraft zur Handlung. Insofern ist diese Skala ein Hilfsmittel, um zu untersuchen, wieviel Energie bei den Menschen vorhanden ist, und ob eher Dampf abgelassen werden muß, um sprechen zu können, oder erst Energie aufgeladen werden muß, bevor gemeinsames Handeln möglich ist.

Es ist sowohl möglich aus dem Feld der Verhandlung in das Feld der Kooperation zu gelangen ("Dampf ablassen") als auch von dem Feld der folgenlosen Diskussion, wenn durch Impulse von außen Energie aufgeladen werden kann (zum Beispiel ein gemeinsamer Feind, eine sich verschärfende Drucksituation).

E. Moderation in OE-Prozessen

Im 1. Teil dieses Buches haben wir die Moderation einer einzelnen Klausur beschrieben. Immer häufiger geschieht es in letzter Zeit, daß eine Moderation nicht als einmaliger Akt stattfindet, sondern daß ein Problem in einer Serie von Veranstaltungen moderiert wird, die in ein Konzept von Organisationsentwicklung eingebunden sind.

Die ModerationsMethode bietet sich für solche Prozesse an, weil

- bei der ModerationsMethode sowohl die Sachebene als auch die Beziehungsebene angesprochen wird;

- die ModerationsMethode handlungsorientiert ist und es dadurch erleichtert, konkrete Veränderungsprozesse in Gang zu setzen;

- die verschiedenen Veranstaltungstypen der Moderation die Möglichkeit geben, eine große Zahl von Personen in den Prozeß einzubeziehen;

- aktivierende Arbeitsformen allen Teilnehmern die Gelegenheit geben, am Diskussions- und Entscheidungsprozeß teilzunehmen;

- die Formen des miteinander Umgehens vorhandene Organisations- und Hierarchiestrukturen durchbrechen und so zu neuen Gestaltungsformen des Miteinander verhelfen.

Die Einsatzmöglichkeit der ModerationsMethode in den OE-Prozessen soll an zwei Beispielen angedeutet werden:

► 1. Organisationsveränderungen, in denen Betroffene zu Beteiligten gemacht werden

Mit der ModerationsMethode können folgende Phasen durchgeführt werden:

- Zielsetzung und Zielabgleichung der Organisationsveränderung

- Auswahl und Gestaltung von Testläufen

- Begleitende Reflexion der Veränderungsprozesse und Feed-back unter den Beteiligten

- Konfliktbearbeitung und Konsenserzielung

- Festlegen der neuen Organisationsstruktur und ihrer Verhaltensregeln

- Präsentation des Veränderungsprozesses zur endgültigen Entscheidung

➤ 2. Veränderungsprozesse bei einer großen Zahl von zu Beteiligenden und Betroffenen

In diesen Fällen steht meist ein Problem als Ausgangspunkt fest (zum Beispiel "Qualität"), das von vielen Gruppen in ihrem jeweiligen Arbeitsprozeß gelöst werden muß.

Folgende Phasen lassen sich mit Unterstützung der ModerationsMethode besonders gut durchführen:

● Auswahl des Organisations-Problems unter mehreren strategischen Problemen

● Problemanalyse in den einzelnen betroffenen Gruppen und Organisationseinheiten

● Erarbeitung von Lösungsmöglichkeiten

● Gegenseitiger Austausch der beteiligten Gruppen über erarbeitete Lösungsmöglichkeiten in Informationsbörsen

● Kommunikation zwischen angrenzenden Arbeitsbereichen über gemeinsame Probleme/Lösungen

● Begleitende Reflexion der Veränderungsprozesse auf der Sach- und auf der Beziehungsebene

● Präsentation der Probleme und Ergebnisse auf verschiedenen Hierarchieebenen

● Supervision der Moderatoren und der Moderationsabläufe

Der Einsatz der ModerationsMethode in Prozessen der Organisationsentwicklung ist sicher vielfältiger als er sich in diesen zwei Beispielen erkennen läßt, so daß sich gerade Erfahrungen aus diesem Anwendungsfeld in unserem "Praxisforum" niederschlagen werden.

I. Verhalten des Moderators

II. A. Visualisierung

II. B. Frage- und Antworttechniken

II. C. Situationsbezogener Einsatz
       von ModerationsMethoden

II. D. Abendgestaltung

II. E. Moderationsumgebung

III. Anwendungsfelder

IV. Literaturhinweise für Moderatoren

IV.

V. Formblätter:
   Materialcheckliste / Ablaufpläne

Literatur

Gruppendynamik

K. Antons
Praxis der Gruppendynamik
Übungen und Techniken
Göttingen, Hogrefe

R. Cohn
Von der Psychoanalyse zur themenzentrierten Interaktion
Stuttgart, Klett-Cotta

D. Francis, D. Young
Mehr Erfolg im Team
Ein Trainingsprogramm mit 46 Übungen zur Verbesserung der Leistungsfähigkeit in Arbeitsgruppen
Hamburg, Windmühle GmbH

H. Gudjons
Spielbuch Interaktionserziehung
180 Spiele und Übungen zum Gruppentraining in Schule, Jugendarbeit und Erwachsenenbildung
Bad Heilbrunn, Klinkhardt

U. Günther, W. Sperber
Handbuch für Verhaltens- und Kommunikationstrainer
Psychologische und organisatorische Durchführung von Trainingsseminaren
München, Ernst Reinhardt Verlag

R. Kirsten, J. Müller-Schwarz
Gruppentraining
Ein Übungsbuch mit 59 Psycho-Spielen, Trainingsaufgaben und Tests
Reinbek, Rowohlt

B. Langmaack, M. Braune-Krickau
Wie die Gruppe laufen lernt
Anregungen zum Planen und Leiten von Gruppen
Ein praktisches Lehrbuch
Weinheim, Psychologie Verlags Union

W. Rechtien
Angewandte Gruppendynamik
Ein Lehrbuch für Studierende und Praktiker
Berlin, Quintessenz Verlag

L. Schwäbisch, M. Siems
Anleitung zum sozialen Lernen für Paare, Gruppen und Erzieher
Reinbek, Rowohlt

K. W. Vopel
Interaktionsspiele, 6 Bände
Salzhausen, Isko-Press

K. W. Vopel
Handbuch für Gruppenleiter
Zur Theorie und Praxis der Interaktionsspiele
Salzhausen, Isko-Press

K. W. Vopel, R. E. Kirsten
Kommunikations und Kooperation
Ein gruppendynamisches Trainingsprogramm
München, Pfeiffer Verlag

H. Weber
Arbeitskatalog der Übungen und Spiele,
Band 1
Ein Verzeichnis von über 800 Gruppenübungen und Rollenspielen
Hamburg, Windmühle GmbH

D. Röschmann
Arbeitskatalog der Übungen und Spiele,
Band 2
Ein Verzeichnis von über 400 Gruppenübungen und Rollenspielen
Hamburg, Windmühle GmbH

M. Woodcock
Team Developement Manual
Westmead, Farnborough, Hants., Gower Press

Methodik/Didaktik

J. Dierichs, B. Helmes, E. Schrader, W. G. Straub
Workbook
Ein Methoden-Angebot als Anleitung zum aktiven Gestalten von Lern- und Arbeitsprozessen in Gruppen
Ringbuch mit 4 Fächern und 1 gebundenen Leitfaden
Hamburg, Windmühle

K. W. Döring
Lehren in der Erwachsenenbildung
Ein Dozentenleitfaden
Weinheim, Deutscher Studien Verlag

J. Knoll
Kurs- und Seminarmethoden
Ein Arbeitsbuch zur Gestaltung von Kursen, Seminaren, Arbeits- und Gesprächskreisen
Weinheim, Beltz Verlag

K. R. Müller (Hrsg.)
Kurs- und Seminargestaltung
Ein Handbuch für Mitarbeiter/innen im Bereich von Training und Kursleitung
Weinheim, Beltz Verlag

Lernen

J. U. Martens
Verhalten und Einstellungen ändern
Veränderung durch gezielte Ansprache des Gefühlsbereiches
Ein Lehrkonzept für Seminarleiter
Hamburg, Windmühle GmbH

F. Vester
Denken, Lernen, Vergessen
Was geht in unserem Kopf vor, wie lernt das Gehirn und wann läßt es uns im Stich?
Stuttgart, Deutsche Verlags-Anstalt

Visualisierung

E. Schrader, J. Biehne, K. Pohley
Optische Sprache
Vom Text zum Bild. Von der Information
zur Präsentation. Ein Arbeitsbuch.
Hamburg, Windmühle GmbH

E. Schrader, W. G. Straub
**Darstellungstechnik und Technik der
Auswahl und Verdichtung von Informationen;**
Aus: E. Potthoff, H. Steigerwald
RKW-Handbuch Führungstechnik und Organisation
Berlin, Erich Schmidt Verlag

Kreativitätstechniken

H. Franke
Problemlösen und Kreativität
Lernpsychologisch aufbereitet
Goch, Bratt-Institut

H. Hoffmann
Kreativitätstechniken für Manager
Landsberg, Verlag Moderne Industrie

K. Linneweh
Kreatives denken
Techniken und Organisation
produktiver Kreativität
Rheinzabern, Verlag Dieter Gitzel

O.-G. Wack, G. Detlinger, H. Grothoff
kreativ sein kann jeder
Kreativitätstechniken für Leiter von
Projektgruppen, Arbeitsteams, Workshops und von Seminaren
Ein Handbuch zum Problemlösen
Hamburg, Windmühle GmbH

Praxisbeispiele zur ModerationsMethode

K. Köhl
Seminar für Trainer
Das Situative Lehrtraining: Trainer lernen lehren
Hamburg, Windmühle GmbH

K. Klebert, E. Schrader, W. G. Straub
KurzModeration
Anwendung der ModerationsMethode in Betrieb, Schule, Hochschule, Kirche, Politik, Sozialbereich und Familie, bei Besprechungen und Präsentationen
Mit 20 Beispielabläufen
Hamburg, Windmühle GmbH

Und in der englischen Übersetzung:
K. Klebert, E. Schrader, W. G. Straub
Winning Group Results
Hamburg, Windmühle GmbH

P. Nissen, U. Iden
KursKorrektur Schule
Ein Handbuch zur Einführung der ModerationsMethode im System Schule für die Verbesserung der Kommunikation und des miteinander Lernens.
Mit 15 Beispielabläufen zur aktiven Gestaltung von Unterricht, Konferenzen und Elternarbeit.
Aus der Reihe: ModerationsMethode in der Praxis, Band 1 (Hrsg. E. Schrader)
Hamburg, Windmühle GmbH

E. Schrader (Hrsg.)
Die ersten Tage im Betrieb
Einführungsveranstaltungen für neue Auszubildende in Industrie, Versicherung und Kommunalverwaltung
Hamburg, Windmühle GmbH

I. Verhalten des Moderators

II. A. Visualisierung

II. B. Frage- und Antworttechniken

II. C. Situationsbezogener Einsatz
       von ModerationsMethoden

II. D. Abendgestaltung

II. E. Moderationsumgebung

III. Anwendungsfelder

IV. Literaturhinweise für Moderatoren

V. Formblätter:
   Materialcheckliste / Ablaufpläne

Material-Checkliste für moderierte Veranstaltungen

Von Teilnehmerzahl und Dauer der Veranstaltung abhängig:	Bestellnummer	Anzahl
Packpapier (125 x 150 cm) pro Teilnehmer und Tag 3 Bogen		
Kärtchen (10 x 21 cm) in vier Farben sortiert (weiß, grün, orange, gelb) pro Teilnehmer und Tag 60 Karten		
Scheiben (Durchmesser 20 cm) in vier Farben, insgesamt pro Teilnehmer und Tag 2 Scheiben		
Überschriftstreifen (15 x 68 cm) in vier Farben, insgesamt pro Teilnehmer und Tag 2 Streifen		
Filzschreiber (edding Nr. 1) in schwarz pro Teilnehmer und Tag 1 Filzschreiber rot, grün und blau pro Teilnehmer und Tag 0,25 Filzschreiber		
Filzschreiber (edding 800) in vier Farben pro Teilnehmer und Tag 0,25 Filzschreiber		
Klebestifte (Pritt - Bürogröße) pro Teilnehmer und Tag 0,25 Klebestifte		
Klebepunkte (Herma 2251 gelb, 2252 rot, 2255 grün) in drei Farben, insgesamt pro Teilnehmer und Tag 50 Klebepunkte		

Nur von Teilnehmerzahl abhängig		
Stellwände (leicht beweglich, freistehend, Höhe zirka 200 cm, Plattenmaß 125 x 150 cm) pro 20 Teilnehmer 12 Stellwände		
Papierscheren pro 20 Teilnehmer 2 Scheren		
Tesakrepp (Breite 30 mm, Länge 30 m) pro 20 Teilnehmer 1 Rolle		
Markierungsnadeln (6/15 = Kopfgröße/Nadellänge) pro 20 Teilnehmer 500 Nadeln		

Zu bestellen bei:

Material-Checkliste für moderierte Veranstaltungen

Von Teilnehmerzahl und Dauer der Veranstaltung abhängig:	Bestellnummer	Anzahl
Packpapier (125 x 150 cm) pro Teilnehmer und Tag 3 Bogen		
Kärtchen (10 x 21 cm) in vier Farben sortiert (weiß, grün, orange, gelb) pro Teilnehmer und Tag 60 Karten		
Scheiben (Durchmesser 20 cm) in vier Farben, insgesamt pro Teilnehmer und Tag 2 Scheiben		
Überschriftstreifen (15 x 68 cm) in vier Farben, insgesamt pro Teilnehmer und Tag 2 Streifen		
Filzschreiber (edding Nr. 1) in schwarz pro Teilnehmer und Tag 1 Filzschreiber rot, grün und blau pro Teilnehmer und Tag 0,25 Filzschreiber		
Filzschreiber (edding 800) in vier Farben pro Teilnehmer und Tag 0,25 Filzschreiber		
Klebestifte (Pritt - Bürogröße) pro Teilnehmer und Tag 0,25 Klebestifte		
Klebepunkte (Herma 2251 gelb, 2252 rot, 2255 grün) in drei Farben, insgesamt pro Teilnehmer und Tag 50 Klebepunkte		

Nur von Teilnehmerzahl abhängig		
Stellwände (leicht beweglich, freistehend, Höhe zirka 200 cm, Plattenmaß 125 x 150 cm) pro 20 Teilnehmer 12 Stellwände		
Papierscheren pro 20 Teilnehmer 2 Scheren		
Tesakrepp (Breite 30 mm, Länge 30 m) pro 20 Teilnehmer 1 Rolle		
Markierungsnadeln (6/15 = Kopfgröße/Nadellänge) pro 20 Teilnehmer 500 Nadeln		

Zu bestellen bei:

Material-Checkliste für moderierte Veranstaltungen

Von Teilnehmerzahl und Dauer der Veranstaltung abhängig:	Bestellnummer	Anzahl
Packpapier (125 x 150 cm) pro Teilnehmer und Tag 3 Bogen		
Kärtchen (10 x 21 cm) in vier Farben sortiert (weiß, grün, orange, gelb) pro Teilnehmer und Tag 60 Karten		
Scheiben (Durchmesser 20 cm) in vier Farben, insgesamt pro Teilnehmer und Tag 2 Scheiben		
Überschriftstreifen (15 x 68 cm) in vier Farben, insgesamt pro Teilnehmer und Tag 2 Streifen		
Filzschreiber (edding Nr. 1) in schwarz pro Teilnehmer und Tag 1 Filzschreiber rot, grün und blau pro Teilnehmer und Tag 0,25 Filzschreiber		
Filzschreiber (edding 800) in vier Farben pro Teilnehmer und Tag 0,25 Filzschreiber		
Klebestifte (Pritt - Bürogröße) pro Teilnehmer und Tag 0,25 Klebestifte		
Klebepunkte (Herma 2251 gelb, 2252 rot, 2255 grün) in drei Farben, insgesamt pro Teilnehmer und Tag 50 Klebepunkte		

Nur von Teilnehmerzahl abhängig		
Stellwände (leicht beweglich, freistehend, Höhe zirka 200 cm, Plattenmaß 125 x 150 cm) pro 20 Teilnehmer 12 Stellwände		
Papierscheren pro 20 Teilnehmer 2 Scheren		
Tesakrepp (Breite 30 mm, Länge 30 m) pro 20 Teilnehmer 1 Rolle		
Markierungsnadeln (6/15 = Kopfgröße/Nadellänge) pro 20 Teilnehmer 500 Nadeln		

Zu bestellen bei:

Material-Checkliste für moderierte Veranstaltungen

Von Teilnehmerzahl und Dauer der Veranstaltung abhängig:	Bestellnummer	Anzahl
Packpapier (125 x 150 cm) pro Teilnehmer und Tag 3 Bogen		
Kärtchen (10 x 21 cm) in vier Farben sortiert (weiß, grün, orange, gelb) pro Teilnehmer und Tag 60 Karten		
Scheiben (Durchmesser 20 cm) in vier Farben, insgesamt pro Teilnehmer und Tag 2 Scheiben		
Überschriftstreifen (15 x 68 cm) in vier Farben, insgesamt pro Teilnehmer und Tag 2 Streifen		
Filzschreiber (edding Nr. 1) in schwarz pro Teilnehmer und Tag 1 Filzschreiber rot, grün und blau pro Teilnehmer und Tag 0,25 Filzschreiber		
Filzschreiber (edding 800) in vier Farben pro Teilnehmer und Tag 0,25 Filzschreiber		
Klebestifte (Pritt - Bürogröße) pro Teilnehmer und Tag 0,25 Klebestifte		
Klebepunkte (Herma 2251 gelb, 2252 rot, 2255 grün) in drei Farben, insgesamt pro Teilnehmer und Tag 50 Klebepunkte		

Nur von Teilnehmerzahl abhängig		
Stellwände (leicht beweglich, freistehend, Höhe zirka 200 cm, Plattenmaß 125 x 150 cm) pro 20 Teilnehmer 12 Stellwände		
Papierscheren pro 20 Teilnehmer 2 Scheren		
Tesakrepp (Breite 30 mm, Länge 30 m) pro 20 Teilnehmer 1 Rolle		
Markierungsnadeln (6/15 = Kopfgröße/Nadellänge) pro 20 Teilnehmer 500 Nadeln		

Zu bestellen bei:

Material-Checkliste für moderierte Veranstaltungen

Von Teilnehmerzahl und Dauer der Veranstaltung abhängig:	Bestellnummer	Anzahl
Packpapier (125 x 150 cm) pro Teilnehmer und Tag 3 Bogen		
Kärtchen (10 x 21 cm) in vier Farben sortiert (weiß, grün, orange, gelb) pro Teilnehmer und Tag 60 Karten		
Scheiben (Durchmesser 20 cm) in vier Farben, insgesamt pro Teilnehmer und Tag 2 Scheiben		
Überschriftstreifen (15 x 68 cm) in vier Farben, insgesamt pro Teilnehmer und Tag 2 Streifen		
Filzschreiber (edding Nr. 1) in schwarz pro Teilnehmer und Tag 1 Filzschreiber rot, grün und blau pro Teilnehmer und Tag 0,25 Filzschreiber		
Filzschreiber (edding 800) in vier Farben pro Teilnehmer und Tag 0,25 Filzschreiber		
Klebestifte (Pritt - Bürogröße) pro Teilnehmer und Tag 0,25 Klebestifte		
Klebepunkte (Herma 2251 gelb, 2252 rot, 2255 grün) in drei Farben, insgesamt pro Teilnehmer und Tag 50 Klebepunkte		

Nur von Teilnehmerzahl abhängig		
Stellwände (leicht beweglich, freistehend, Höhe zirka 200 cm, Plattenmaß 125 x 150 cm) pro 20 Teilnehmer 12 Stellwände		
Papierscheren pro 20 Teilnehmer 2 Scheren		
Tesakrepp (Breite 30 mm, Länge 30 m) pro 20 Teilnehmer 1 Rolle		
Markierungsnadeln (6/15 = Kopfgröße/Nadellänge) pro 20 Teilnehmer 500 Nadeln		

Zu bestellen bei:

Material-Checkliste für moderierte Veranstaltungen

Von Teilnehmerzahl und Dauer der Veranstaltung abhängig:	Bestellnummer	Anzahl
Packpapier (125 x 150 cm) pro Teilnehmer und Tag 3 Bogen		
Kärtchen (10 x 21 cm) in vier Farben sortiert (weiß, grün, orange, gelb) pro Teilnehmer und Tag 60 Karten		
Scheiben (Durchmesser 20 cm) in vier Farben, insgesamt pro Teilnehmer und Tag 2 Scheiben		
Überschriftstreifen (15 x 68 cm) in vier Farben, insgesamt pro Teilnehmer und Tag 2 Streifen		
Filzschreiber (edding Nr. 1) in schwarz pro Teilnehmer und Tag 1 Filzschreiber rot, grün und blau pro Teilnehmer und Tag 0,25 Filzschreiber		
Filzschreiber (edding 800) in vier Farben pro Teilnehmer und Tag 0,25 Filzschreiber		
Klebestifte (Pritt - Bürogröße) pro Teilnehmer und Tag 0,25 Klebestifte		
Klebepunkte (Herma 2251 gelb, 2252 rot, 2255 grün) in drei Farben, insgesamt pro Teilnehmer und Tag 50 Klebepunkte		

Nur von Teilnehmerzahl abhängig		
Stellwände (leicht beweglich, freistehend, Höhe zirka 200 cm, Plattenmaß 125 x 150 cm) pro 20 Teilnehmer 12 Stellwände		
Papierscheren pro 20 Teilnehmer 2 Scheren		
Tesakrepp (Breite 30 mm, Länge 30 m) pro 20 Teilnehmer 1 Rolle		
Markierungsnadeln (6/15 = Kopfgröße/Nadellänge) pro 20 Teilnehmer 500 Nadeln		

Zu bestellen bei:

Ablauf einer Moderation

Nr.	Was?	Wie?	Wer?	Zeit?	Hilfsmittel

Ablauf einer Moderation

Nr.	Was?	Wie?	Wer?	Zeit?	Hilfsmittel

Ablauf einer Moderation

Nr.	Was?	Wie?	Wer?	Zeit?	Hilfsmittel

Ablauf einer Moderation

Nr.	Was?	Wie?	Wer?	Zeit?	Hilfsmittel

Ablauf einer Moderation

Nr.	Was?	Wie?	Wer?	Zeit?	Hilfsmittel

Ablauf einer Moderation

Nr.	Was?	Wie?	Wer?	Zeit?	Hilfsmittel